冲击剪切荷载作用下沥青混合料变形特性研究

王晓东 郑德斋 于春艳 胡梦诗 付建伟 著

西南交通大学出版社
·成 都·

图书在版编目（CIP）数据

冲击剪切荷载作用下沥青混合料变形特性研究 / 王晓东等著. —成都：西南交通大学出版社，2020.7
ISBN 978-7-5643-7504-1

Ⅰ. ①冲… Ⅱ. ①王… Ⅲ. ①撞击应力 – 剪应力 – 荷载应力 – 作用 – 沥青拌和料 – 变形 – 特性 – 研究 Ⅳ. ①U414

中国版本图书馆 CIP 数据核字（2020）第 128822 号

Chongji Jianqie Hezai Zuoyong Xia Liqing Hunheliao Bianxing Texing Yanjiu
冲击剪切荷载作用下沥青混合料变形特性研究
王晓东　郑德斋　于春艳　胡梦诗　付建伟　著

责任编辑	姜锡伟
助理编辑	王同晓
封面设计	何东琳设计工作室
出版发行	西南交通大学出版社 （四川省成都市金牛区二环路北一段 111 号 西南交通大学创新大厦 21 楼）
发行部电话	028-87600564　028-87600533
邮政编码	610031
网　　址	http://www.xnjdcbs.com
印　　刷	四川煤田地质制图印刷厂
成品尺寸	170 mm × 230 mm
印　　张	13.25
字　　数	211 千
版　　次	2020 年 7 月第 1 版
印　　次	2020 年 7 月第 1 次
书　　号	ISBN 978-7-5643-7504-1
定　　价	96.00 元

图书如有印装质量问题　本社负责退换
版权所有　盗版必究　举报电话：028-87600562

前言
PREFACE

　　近二十年，我国公路建设得到了快速的发展，截止到 2018 年 12 月，我国高速公路总里程突破 14 万千米。公路建设的突飞猛进伴随着经济的快速发展，在公路上行驶的重型车辆迅速增加，严峻考验着公路的施工质量，也给公路运营部门带来了巨大的压力。我国沥青路面在长大纵坡、交叉口及公交车站等路段经常出现车辙、推移和拥包等病害，并且病害在处理后不久又会重复出现，这不仅大大缩短了路面的使用寿命，而且增加了养护成本，甚至严重威胁着司机和乘客的生命及财产安全。这迫使科研工作需要从更深层次分析车辙、推移和拥包等病害产生的机理。

　　本书从宏观和微细观两个方面对沥青混合料在冲击剪切荷载作用下的特性进行了分析，总共分成 7 个章节进行阐述。第 1 章为绪论，主要介绍国内外针对沥青路面永久变形的研究进展状况及取得的研究成果；第 2 章为基于刹车荷载的沥青路面剪切应力、应变分析，主要从理论上分析沥青路面在垂直和水平荷载联合作用下沥青路面内部不同位置处的剪切应力、应变分布状况，为后续章节的研究提供理论基础；第 3 章为冲击剪切试验方法可行性分析，利用有限元从理论上分析了冲击剪切试验方法的可行性；第 4 章为沥青混合料冲击剪切试验方法分析，通过室内试验研究沥青混合料在冲击剪切荷载作用下的特性；第 5 章为沥青混合料冲击剪切数值模拟试验方法，主要介绍了离散元软件 PFC 在沥青混合料中的应用，并对建模方法、参数设定进行了分析；第 6 章为基于细观结构的沥青混合料冲击剪切变形分析，利用离散元软件从微观组构角度对沥青混合料在单调剪切及循环剪切荷载作用下的变形规律进行分析；第 7 章为基于冲剪试验的沥青混合料性能优化，利用离散元分析了沥青混合料在冲击剪切荷载作用下的级配优化方法。

  本书得到了重庆交通大学交通土建工程材料国家地方联合工程实验室及材料科学与工程学院的大力支持，编写过程中黄维蓉、张兰芳等老师对本书提出了宝贵意见和建议，书中引用了大量国内外研究者的研究成果，在此一并表示感谢。本书从微细观角度分析沥青混合料在冲击剪切荷载作用下的变形特性是目前道路领域研究的热点，也是难点，许多基础问题还未解决。尽管作者已经付出了很大的努力，但是由于编写时间以及学识水平的限制，书中疏漏不妥之处在所难免，敬请各位专家、学者及读者批评指正。

著 者
2019 年 12 月于重庆

目录 CONTENTS

1 绪 论 ……………………………………………………… 001
    1.1 背景及意义 ………………………………………………… 001
    1.2 国内外研究概况 …………………………………………… 002
    1.3 本书的主要内容 …………………………………………… 019

2 冲击剪切荷载作用下沥青路面动力响应分析 ……………… 021
    2.1 有限元模型建立 …………………………………………… 021
    2.2 沥青路面剪切应力分析 …………………………………… 025
    2.3 沥青路面剪切应变分析 …………………………………… 042
    2.4 本章小结 …………………………………………………… 059

3 沥青混合料冲击剪切试验理论分析 ………………………… 061
    3.1 沥青混合料强度理论分析 ………………………………… 061
    3.2 冲剪试验可行性分析 ……………………………………… 064
    3.3 冲剪试验参数分析 ………………………………………… 071
    3.4 本章小结 …………………………………………………… 082

4 沥青混合料室内冲剪试验分析 ……………………………… 084
    4.1 原材料及性能检测 ………………………………………… 084
    4.2 沥青混合料室内冲剪试验 ………………………………… 087
    4.3 冲剪试验准备 ……………………………………………… 089
    4.4 单调剪切试验分析 ………………………………………… 091
    4.5 沥青混合料重复冲剪试验研究 …………………………… 108

4.6 本章小结 …………………………………………………… 109
5 沥青混合料冲剪试验细观模拟方法 ……………………………… 111
　　5.1 离散元法理论分析 ………………………………………… 111
　　5.2 沥青混合料单元接触模型 ………………………………… 118
　　5.3 沥青混合料数值试验建模 ………………………………… 134
　　5.4 本章小结 …………………………………………………… 144
6 基于细观组构的沥青混合料冲击剪切变形分析 ………………… 146
　　6.1 数值试验参数确定 ………………………………………… 147
　　6.2 试验温度及加载方式选取 ………………………………… 148
　　6.3 数值试验及验证 …………………………………………… 148
　　6.4 单调剪切宏观力学分析 …………………………………… 154
　　6.5 沥青混合料剪切变形演化分析 …………………………… 162
　　6.6 本章小结 …………………………………………………… 173
7 基于冲剪试验沥青混合料级配优化 ……………………………… 177
　　7.1 级配优化方案设计思路 …………………………………… 178
　　7.2 基于正交试验的矿料级配骨架影响规律研究 …………… 179
　　7.3 沥青砂浆路用性能研究 …………………………………… 191
　　7.4 级配优化及试验验证 ……………………………………… 194
　　7.5 本章小结 …………………………………………………… 196
参考文献 ……………………………………………………………… 197

1 绪 论

1.1 背景及意义

随着我国经济的快速发展，公路上行驶的重型车辆也越来越多。大型车辆为了防止轮胎温度过高需要持续洒水及频繁刹车，使下坡路段沥青路面抗剪切变形性能和劲度模量逐渐下降，从而引发推移、拥包等病害；并且由于重载、慢速、高温等不利条件，沥青路面上坡路段经常会出现车辙。在城市道路交叉口、公交车站等位置，公交车需要频繁启动和制动，每一次启动和制动都会给路面材料带来损伤，日积月累、导致推移、拥包等病害。车辙、推移、拥包等病害是目前沥青路面常见的破坏形式并且难以解决。通过以前的研究成果可知，引起这些病害的原因往往是沥青混合料抗剪切变形性能不足。因此，有必要对沥青混合料在剪切荷载作用下的剪切变形演化及累积规律进行深入研究。

沥青混合料剪切变形的研究主要分为以下几个方面：① 沥青混合料剪切变形试验方法的研究；② 沥青混合料剪切变形性能的研究；③ 沥青混合料剪切变形本构关系的研究。目前已有的试验方法各有优缺点及适用范围，因此，需要确定一种更适合于分析沥青混合料剪切变形的试验方法。以前，人们对于材料性能的研究主要是通过室内宏观试验进行分析，研究其宏观变形规律。现在，由于计算机的快速发展，越来越多的研究者向微细观领域探索，从更深层次研究材料在外界环境作用下破坏的机理。沥青混合料是由集料、沥青砂浆和空隙组成的一种复合材料，采用不同的试验方法进行测试，其反映出来的性能可能不同，单纯从宏观试验角度进行研究，很难找到引起路面破损的根本原因，所以，要想解决目前沥青路面出现的车辙、推移及拥包等病害，需要从宏观和微观两个方面寻找解决方法，研究其破坏的机理。

沥青混合料在高温下是一种黏弹性材料，其高温下的破坏均是在变形过程中进行，变形过程中沥青混合料的模量、微观组构等均随着时间的推移而变化，最终外在表现为车辙、推移等病害。本书研究内容有助于全面了解沥青混合料在剪切荷载作用下的变形机理，对完善沥青路面设计方法，提高沥青路面耐久性都具有积极意义。

1.2 国内外研究概况

1.2.1 沥青混合料剪切性能试验研究

大量学者认为，沥青混合料抗剪切性能不足，是产生永久变形和剪切推移等病害的主要原因。为了研究沥青混合料剪切变形问题，寻找一种简便而且能够准确评价沥青混合料剪切性能的试验方法至关重要。

沥青混合料的抗剪性能，国外研究得比较早。早在 20 世纪 30 年代德国便开始使用三轴试验研究土的固结问题，1934 年美国的斯坦通开始用三轴试验仪研究沥青性能[1]，1951 年 Norman W. Wcleod 提出了采用诺模图研究沥青混合料的抗剪强度[2]。

1987 年美国开展了长达五年的公路战略研究计划（Strategic Highway Research Program，简称 SHRP 计划），这一五年计划的成就之一是在沥青混合料性能研究中开发了一种用于评价沥青混合料剪切性能的试验设备——剪切试验仪（SST）[3, 4]，如图 1-1 所示。

2002 年，Gregory A. Sholar 等人研发了一种操作简单的直剪试验仪，用于检测层间抗剪强度[6]。它既可以方便地安装在各种试验机上，也可以安装在马歇尔稳定度仪上，如图 1-2 所示。

美国得克萨斯州交通局和联邦公路局发现很多质量评定合格的沥青混合料铺筑的路面仍然会出现车辙病害，因此委托研究人员进行相关研究，并于 2014 年由 AbuN. M. Faruk 等发明了一种称为简单冲击剪切试验（SPST）的试验方法，作为对传统的永久变形和车辙试验的补充[7]，如图 1-3 所示。

图 1-1　SST 示意图[5]

图 1-2　安装在 MTS 和马歇尔稳定度仪上的直剪试验仪

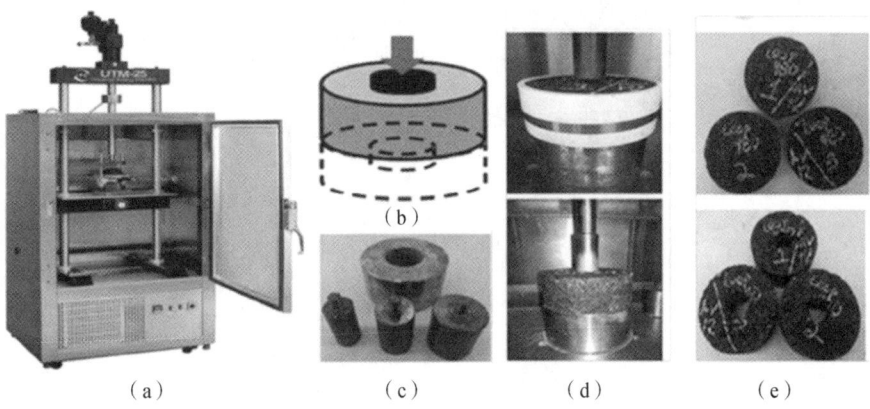

(a)　　　　　　　(c)　　　　　　　(d)　　　　　　　(e)

图 1-3　冲剪试验

2015 年，Mohammadreza Khajeh Hosseini 开发了一种称为复式剪切试验机的设备（The Duplicate Shear Tester，DST），能够进行恒高度频率扫描试验和恒高度重复剪切试验，并且操作起来比较简单[8]，如图 1-4 所示。

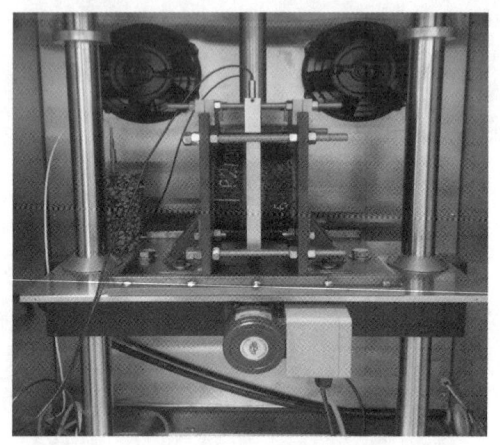

图 1-4　DST 试验

2016 年，Josef Zak 等开发了一种称为单轴剪切试验仪（The Uniaxial Shear Tester，UST）的沥青混合料剪切设备，并采用重复剪切试验和频率扫描剪切试验进行了相关性分析[9]，如图 1-5 所示。

图 1-5　单轴剪切试验仪

国内关于沥青混合料抗剪性能研究得也比较多，并开发出了一系列试验方法，现就目前使用的主要试验方法和特点分析如下：

1. 直接剪切试验

直接剪切试验是根据土力学中莫尔-库仑强度理论的相关知识，在土样上方施加规定的垂直压力及水平推力，并使试样沿着上下盒之间的水平面发生剪切并最终破坏。直剪试验方法简单，用于测定颗粒摩擦性是可行性的，但是对于颗粒形状、表面纹理特性及级配比较敏感。沥青混合料的直剪试验是在土力学直剪试验的基础上进行改进而发展起来的。

2006年，长安大学郝培文教授[10]也开发了一种操作和数据采集都比较方便的直接剪切试验仪，如图1-6所示。该设备可利用MTS进行操作，可以采用控制应力和控制应变两种加载方式，并且可以调整试验温度、荷载大小以及加载速率等试验参数，试验过程中程序可以自动采集试验数据。直剪试验主要应用于层间抗剪强度试验，属于界面间的剪切性能试验。

图1-6 安装在MTS和马歇尔稳定度仪上的直剪试验仪

2. 斜剪试验

斜剪试验是根据《公路工程岩石试验规程》(JTG E41—2005)中关于石料剪切强度试验方法的相关内容开发出来的。为了确定路面各层间及桥面铺装层间的抗剪强度，2005年同济大学利用MTS试验机设计了一种基于斜剪的试验方法[11]，如图1-7所示。它是指试件在受到垂直荷载时会产生正应力和剪应力，此时试件将会受到剪切力。当正应力超过临界值时，试件就会产生剪切破坏。此方法用以确定沥青面层、基层和桥面层之间在车辆荷载作用下各结构层之间的抗剪强度。该试验操作起来简单，物理意义也比较明确，但是在试验过程中试件与试模接触受力的部位会出现应力集中的现象。而且，剪切刃之间的间距也需要凭借试验经验来设置。

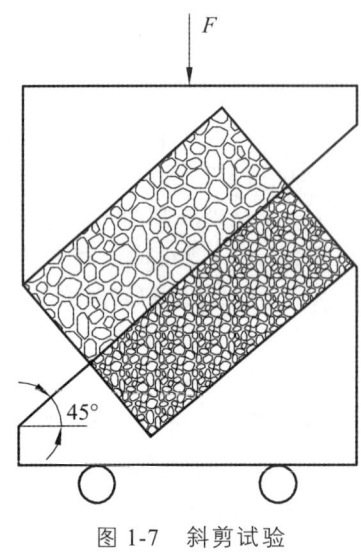

图 1-7 斜剪试验　　　　图 1-8 单轴压缩试验

3. 三轴试验

在 20 世纪 30 年代，Smith 等研究人员为了提高机场路面抗剪切性能，开发出了三轴试验。三轴试验与直剪试验、斜剪试验等其他试验方法相比，最大的特点是可以控制围压，因此用以评价温度、应力、孔隙水等的耦合很方便。从本质上讲，三轴试验可以看作有侧限的压缩试验，轴向偏应力是造成试件破坏的关键因素。依据莫尔-库仑强度理论，经过不同的压力试验，可以确定沥青混合料的摩擦角 ϕ 和黏结力 C，从而确定沥青混合料的抗剪强度 τ。该试验方法应力状态明确，能够很好地描述现场的应力状态，但操作方法太复杂，无法在施工现场进行沥青混合料性能评定，主要用于科学研究[12,13]。由于三轴试验能够很好地模拟沥青路面的受力状况，而且可以控制围压，因此三轴试验国内外研究得比较多。

4. 单轴压缩试验

单轴压缩试验操作比较方便，试验方法简单，比较常用，如图 1-8。通过单轴压缩试验可以确定无侧限抗压强度，进而通过莫尔圆可确定沥青混合料抗剪强度。也可以通过控制应力水平进行单轴静载蠕变和重复加载单轴蠕变试验，研究沥青混合料的永久变形。祁峰[14]采用旋转压实试件在不同荷载水平和不同温度条件下进行了单轴静载蠕变试验以及重复加载蠕变试验,通过试验分析了荷载、温度对沥青混合料蠕变性能的影响规律。

5．单轴贯入试验

单轴贯入试验是由毕玉峰[15]等通过研究提出的,如图 1-9 所示。它的试验原理是在试件上使用小于圆柱体试件直径的钢压头进行加载,通过这个试验来模拟路面实际受力状态。单轴贯入试验方法采用圆柱形试件,尺寸为 ϕ100 mm×100 mm,利用三维有限元确定抗剪强度系数,进而确定抗剪强度。试验方法是通过单轴贯入试验,获得抗剪强度参数求得 τ_m、σ_1 和 σ_3,再辅以无侧限单轴压缩试验,依据莫尔圆求得 C 和 ϕ 值。这种试验方法比较简便,但沥青混合料的集料粒径对试验结果影响比较大。

图 1-9　单轴贯入试验

6．同轴剪切试验

同轴剪切试验方法[16]由郭忠印课题组于 2007 年研究并提出来,如图 1-10 所示。同轴剪切试验是一种侧面受限的剪切试验方法,受力特点与 SHRP 中剪切试验恒定高度单剪试验的受力特点有一定相似性。同轴剪切试验首先将试件加工成外径为 ϕ150 mm,内径为 ϕ55 mm,高为 50 mm 的中空圆柱体,然后将试件用环氧树脂粘贴在钢筒与钢柱之间,轴向施加正弦荷载,荷载则通过钢柱作用于中空圆柱体试件内侧,受力过程中试件外侧约束,直到试件发生剪切破坏。通过三维有限元建立模型,计算同轴剪切试验在静荷载作用下的剪切强度系数,进而确定沥青混合料抗剪强度。通过与三轴试验结果对比表明,用同轴剪切试验确定沥青混合料抗剪强度,其精度比较好,但是试验结果受集料粒径影响比较大。

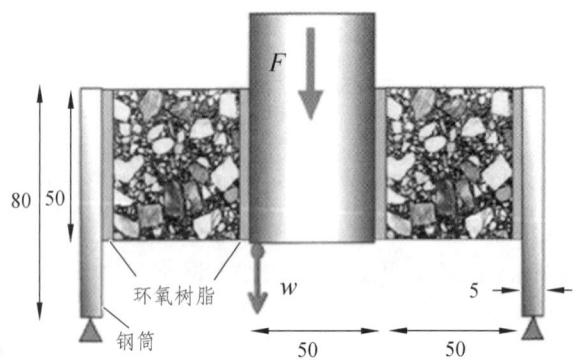

图 1-10　同轴剪切试验（单位：mm）

7. 局部三轴试验

黄晓明课题组[17]为了分析高温变形规律，于 2007 年开发了局部三轴重复剪切试验方法，如图 1-11 所示。该方法利用有限元确定了试件、压头和底座尺寸参数。试验采用的试件尺寸为 ϕ150 mm×80 mm，压头及底座直径为 75 mm，试验方法比较简单，不需要围压。2015 年张建同[18]运用有限元方法进行三轴压缩试验，通过室内试验进行验证，并借助局部三轴试验研究了沥青混合料的剪胀行为。

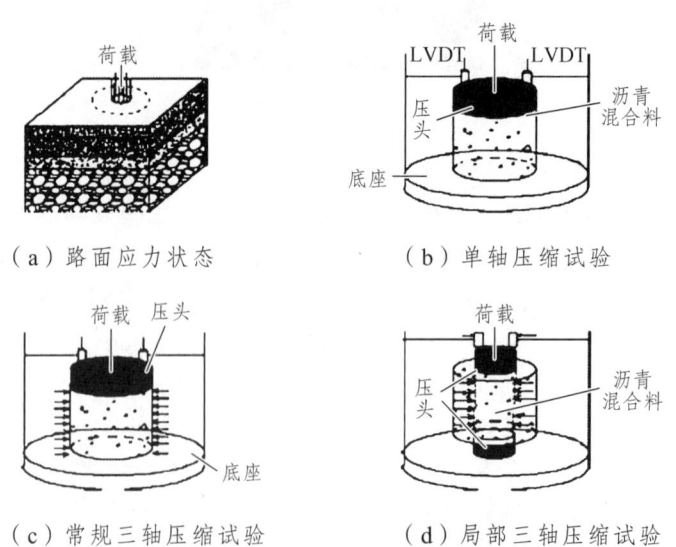

图 1-11　局部三轴试验示意图

8. 圆环剪切试验

郑建龙课题组[19]于2009年开发出一种称为圆环剪切的试验方法,如图1-12所示。该试验方法可以产生锥形破坏面。通过建立有限元模型,分析得出:破坏时产生的锥形破坏面与最大剪应力面相同,试件破坏时形成的锥形破坏面方向与最大剪应力的方向基本一致。经过室内试验获得的沥青混合料抗剪强度值稳定性比较好。圆环剪切试验方法操作比较简单。

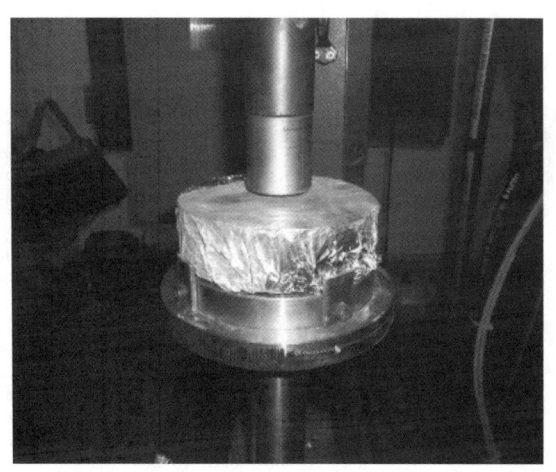

图1-12 圆环剪切试验

9. 滑移剪切试验

为了研究沥青混合料高温性能和颗粒界面滑移剪切行为之间的关系,张争奇课题组[20]于2013年开发出滑移剪切试验方法,如图1-13所示。试验采用直径为40 mm的加载头,试验装置由三部分组成:上部结构是一个顶部封顶但预留一直径为40 mm孔径的圆孔,其下方为外侧留一企口的钢圆筒;下部结构为上方内侧壁留有企口,侧面留有观察口的钢圆筒,中间为留有直径为70 mm圆孔的承载板。文献[21]通过室内试验研究得出可以采用滑移剪切代替马歇尔稳定度进行沥青混合料设计,并且设计出的沥青混合料油石比较马歇尔设计法要少,高温性能更好。

(a) 装置结构图

(b) 试验装置

(c) 加载过程

图 1-13 矿料滑移剪切试验装置示意图

综上所述，每种试验方法都有优缺点和一定的适应条件，不难发现：三轴试验、单轴贯入试验、冲击剪切试验（SPST）、局部三轴试验以及圆环剪切试验等都可以很好地模拟沥青混合料在荷载作用下的剪切情况。但是三轴试验是通过设定静围压或设定不同波形的荷载产生主动围压，与现场荷载作用下产生的被动围压不太相符；单轴贯入试验、局部剪切试验和圆环剪切试验都是利用沥青混合料产生被动围压，但是产生的围压比较小；冲击剪切试验和矿料滑移试验通过周围的钢筒产生被动围压，并且随着外界荷载的增大或减小而相应变化，这与现场受力情况比较接近。冲击剪切试验和矿料滑移试验设备很相似，滑移剪切试验上部结构封闭，而冲剪试验上部没有封闭，试验时冲剪试验比矿料滑移剪切试验更方便，因此倾向于采用冲击剪切试验进行沥青混合料剪切变形的研究，并且在后边章节中将进一步对冲击剪试验进行可行性分析。

1.2.2 沥青混合料剪切流变特性试验研究

经上文分析，研究沥青混合料抗车辙、抗永久变形等性能，往往要研究沥青混合料的剪切流变特性。现将国内外针对沥青混合料剪切流变性能的相关成果总结如下：

1974年，JF Hills 等利用单轴蠕变试验对不同沥青混合料在荷载作用下蠕变和车辙的关系进行了研究，分析了其变形规律[22]。

1987年，美国启动了 SHRP，在 SHRP 的资助下，1994年 Sousa 等通过研究发现沥青路面发生永久变形的破坏机理为剪切变形和压密变形，并指出车辙主要是由沥青混合料横向塑性流动引起的[23]。

2005年，Dae Wook Park 等为了模拟沥青混合料的永久变形提出了一种黏弹塑性连续介质模型，通过单轴压缩试验和恒高度剪切试验（SST-CH）确定了黏弹塑性本构模型的参数[24]。

2007年，L Uzarowski 等通过室内汉堡车辙试验和三轴重复蠕变试验对沥青混合料变形进行了研究，并用有限元软件模拟了沥青混合料非线性黏弹性行为[25]。

2009年，IL Al-Qadi 等通过室内蠕变试验，研究了沥青混合料在中、高温条件下的变形规律，建立了时间硬化模型，并用有限元软件模拟了沥青混合料在重载作用下永久变形的变化规律[26]。

2012年，C. Celauro 等提出了一个参数较少、计算量较低的分数阶模型来预测沥青混合料的蠕变和恢复行为，并采用单轴压缩蠕变试验对所提出的模型进行了校准[27]。

2014年，ER Brown 等通过室内蠕变试验，研究了沥青混合料在荷载作用下有侧限和没有侧限两种情况的变形规律，并与现场交通荷载作用下的变形规律进行了比较，最后得出具有侧限的蠕变试验跟现场变形情况相吻合[28]。

2014年，I. Hafeez 等选取不同的沥青混合料，利用动态模量试验得到水平移位因子，预测了沥青混合料在荷载作用下的变形规律，并采用轮辙试验进行了验证[29]。

2016年，Ghazi G. Al-Khateeb 采用单轴动态蠕变试验和简单性能试验（SPT）研究了沥青混合料抗车辙性能。结果表明，流动数试验和动态蠕变试验结果随试验温度的不同而不同，有时甚至表现出相反的行为。研究发现 SPT 流动数试验具有较好的准确性和重现性[30]。

2017 年，Hasan Taherkhani1 等采用单轴动态蠕变试验研究了不同应力水平、不同温度及不同掺量下尼龙纤维对沥青混合料蠕变的影响规律[31]。

在我国，2005 年，周晓青利用 MTS810 型液压伺服试验系统和旋转压实仪（SGC）进行沥青混合料五级单轴压缩蠕变试验，研究了重载作用下沥青混合料高温性能[32]。

2006 年，张裕卿等对 Sup-20 沥青混合料进行了三轴重复荷载蠕变试验，得出的变形数和斜率都可以较好地评价沥青混合料高温性能，而永久变形和拟合出的截距相关性较差[33]。

2007 年，曹丽萍等通过研究上海市温度分布规律，采用路面分析仪在室内研究了沥青路面不同温度下的变形规律，得出中低温度下沥青路面累积变形也不能忽略[34]。

2008 年，冯林利用动态蠕变试验及单轴静载蠕变试验，对沥青混合料变形特性进行了研究，提出了沥青混合料非线性静态蠕变损伤模型及动态蠕变损伤模型[35]。

2009 年，彭卫兵等应用 ABAQUS 建立半刚性基层沥青路面三维计算模型，分析了沥青路面在刹车荷载反复作用下剪应力与水平位移的变化规律，得出加速度及阻尼比对路面残余水平位移影响较大，反复刹车作用次数达到 10^6 次后就会出现波浪及车辙病害[36]。

2011 年，纪小平对三种路面结构在不同的温度、不同轴载作用下进行 ALF 加速加载车辙试验，得出车辙主要发生在中、上面层，下面层最小，建议应该分层控制车辙，提高主车辙区的技术标准[37]。

2012 年，高二利通过动态蠕变试验，研究了沥青混合料动态蠕变模量 S_{dy}，并分析了动态蠕变模量 S_{dy} 与单轴贯入模量 E_s 的关系[38]。

2013 年，许严等采用单轴贯入重复剪切试验，研究了沥青混合料在荷载作用下的永久变形，得出荷载越大沥青混合料永久变形的速率越大，剪切疲劳寿命以及流动数越小[39]。

2015 年，卢佩霞等采用 UTM-25 伺服式材料测试系统，对掺加玄武岩纤维的 AC-13 和 SMA-13 的沥青混合料进行了动态蠕变试验研究[40]。

2016 年，谢军等通过 CT 扫描与数字图像处理技术，分析了两种级配沥青混合料在蠕变剪切试验前后的粗集料运动规律，通过对比研究了颗粒组成对沥青混合料剪切性能的影响[41]。

2016年，姜明阳等利用MTS815试验机对浇注式沥青混合料在不同应力水平、不同围压和不同温度条件下的三轴蠕变行为进行了研究[42]。

2017年，黎晓等采用单轴重复加载蠕变试验研究了不同温度和不同应力条件下PA-13排水沥青混合料永久变形性能[43]。

由此可见，国内外学者均已经认识到沥青混合料抗剪切流变性能不足是沥青路面产生车辙、推移等病害产生的主要原因，并对沥青混合料剪切流变性能进行了大量研究。从国内外研究成果可以看出，沥青混合料剪切流变性能的研究主要是从三个方面进行的：① 在静荷载或重复荷载作用下沥青混合料剪切流变规律的研究；② 在静荷载或重复荷载作用下沥青混合料剪切流变模型的研究；③ 采用一定的技术手段改善沥青混合料的剪切流变性能。从以上研究中不难看出，不管是从沥青混合料的抗剪性能进行研究还是从沥青混合料剪切流变性能进行研究，都是从宏观角度进行分析的，无法揭示沥青混合料剪切破坏内在的本质，要想解决这一问题还需要借助一定的手段从微细观角度深入分析。

1.2.3 沥青混合料微细观性能研究

为了探究沥青混合料在荷载及环境作用下的性能及破坏机理，越来越多的研究者采用工业CT[44-50]、图片处理[51-55]及离散元数值模拟等技术手段从微细观角度进行研究，并取得了许多研究成果。离散单元法使用显式积分迭代算法，允许大的位移和转动，可使用非线性模型描述颗粒之间的接触，能够很好地模拟混合料内部的压密、颗粒的受力及移动、裂缝的萌生和扩展等，具有其他手段或软件无法比拟的优点，因此在土木工程研究中越来越受到研究者的重视。现就离散单元法的研究成果进行归纳总结。

离散元方法(Discrete Element Method)是1971年由Cundall和Strack提出来的，它的思想源自分子动力学[56]。由于计算机内存的限制，直到1974年二维的离散元才趋向完善，并于1978年翻译成Fortran文本[57]。离散单元法最早应用于岩石力学中，后来将其发展并应用到土力学中[58]。随着计算机的快速发展，三维离散元法于1986年开发出来，其发展及应用空间越来越广泛。

国外在离散元方面的研究进行得比较早。1999 年，Jensen 利用离散元研究了颗粒的形状和表面的粗糙度对集料性能的影响[59]。同样在 1999 年，NG 利用离散元研究了压实过程对集料微结构的影响。

2007 年，Hyunwook Kim 等利用离散元对单边切口梁断裂性能进行了研究[60]，断裂模型如图 1-14 所示。

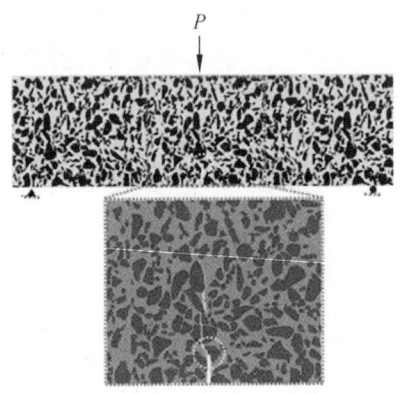

（a）带有微结构的单边切口梁

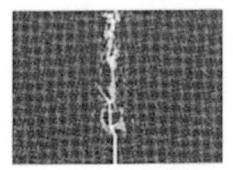 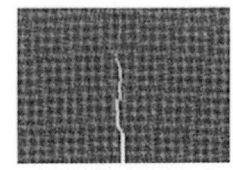

（b）微观裂缝　　　　　　　（c）宏观裂缝

图 1-14　非均质离散元断裂模型与裂纹示意图

2010 年，Junwei Wu 利用离散元对沥青混合料试件在单调荷载作用下的破坏规律进行了研究[61]。

2010 年，Habtamu Melese Zelelew 等利用离散元研究了沥青混合料在单轴压缩蠕变下微结构的变化规律[62]。

2012 年，Mansour Fakhri 借鉴离散元研究了 SMA 沥青混合料在荷载作用下的永久变形规律[63]。

2013 年，Huanan Yu 等利用三维离散元建立了表征沥青混合料复数模量的方法[64]。动态模量、相位角室内试验结果-离散元模拟结果如 1-15 图和图 1-16 所示。

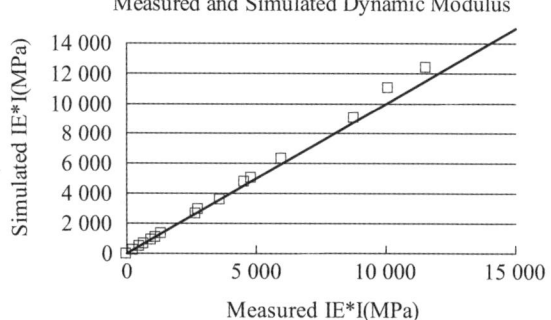

图 1-15 动态模量试验与模拟结果均等线图

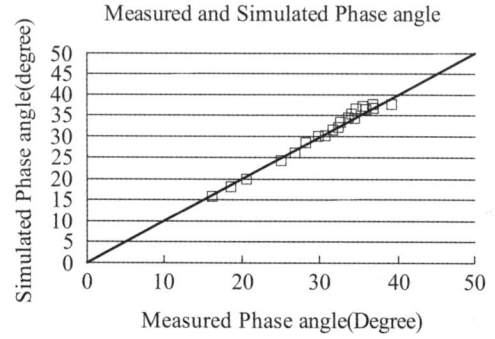

图 1-16 相位角试验与模拟结果均等线图

2013 年，W. Cai 等通过室内试验和离散元数值模拟试验研究了沥青混合料在等应变率下的应力-应变关系[65]。

2015 年，Khattak 等采用离散元建立了微观力学模型，用于模拟碳纳米纤维改性沥青混合料的本构行为，并用单轴压缩试验进行了校准[66]。

2016 年，Tao Ma 等借助离散元建立了虚拟车辙试验方法，研究了车辙试件在荷载作用下位移与接触力之间的分布规律[67]。

2017 年，Changhong Zhou 等借助离散元建立了虚拟三轴试验方法，研究了颗粒形状与剪切强度之间的关系，并得出由立方体颗粒形成的试件抗剪强度最好[68]。

在国内，利用离散元进行沥青混合料微细观结构的研究起步较晚，但是近些年由于其独特优势，引起了研究者的高度重视，得到了快速发展。

2007年，黄晚清通过建立离散单元模型，对集料在重力场作用下的堆积行为进行数值试验，分析了SMA沥青混合料骨架内在影响因素和微观结构特性[69]。

2008年，田莉采用不规则多边形及多面体单元模拟级配矿料，通过自定义接触模型研究了沥青玛琋脂黏弹特性；通过室内试验，对数值试验结果进行校准，从微细观角度研究了沥青混合料内在的应力分布[70]。

2009年，陈俊采用离散元分析了沥青路面在重复荷载作用下层底的受力特性[71]。

2010年，车法等通过离散元程序建立了沥青路面物理模型，对沥青路面在刹车荷载作用下的开裂发展过程进行了研究[72]。

2011年，蒋玮等利用离散单元对环氧沥青混合料级配结构进行评价，对环氧沥青混合料骨架结构的受力状况进行了分析[73]，在局部加载条件下，级配a、级配b的骨架结构受力如图1-17所示。

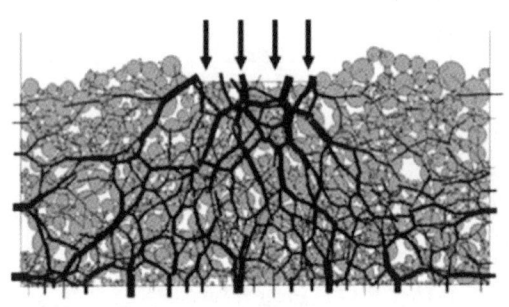

(a) 级配a

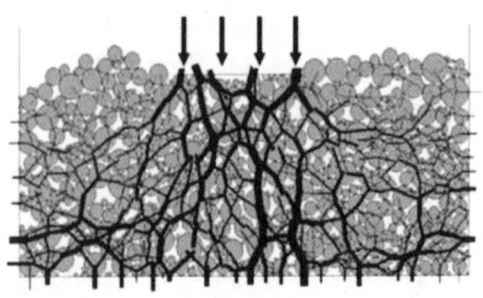

(b) 级配b

图1-17　局部加载条件下混合料骨架结构受力图

2012 年，吴利强采用离散元程序模拟了沥青混凝土静压法和振动法成型过程，得出成型方法不同配位数也不同，并对宏观试验的应力-应变行为有一定影响[74]。

2012 年，蒋玮等利用离散元建立了多孔沥青混合料粗集料骨架力学模型，对多孔沥青混合料的级配范围进行了优化[75]。

2013 年，谭超借助离散元进行三轴数值模拟试验，研究了胶浆参数、骨料参数及围压对沥青混合料力学性能的影响规律[76]。

2013 年，马晓晖等采用离散元建立沥青混合料颗粒流模型，通过计算混合料中各空隙的位置和体积等参数，得到了混合料中的空隙分布特征[77]。

2013 年，陈俊采用离散元模拟了沥青路面分别在静荷载、垂直振动荷载及匀速移动荷载作用下的力学响应[78]。

2013 年，陈渊召等通过离散元模型，对沥青混合料的力链网络图、接触力矢量图进行分析，研究了橡胶颗粒改性沥青混合料破坏的机理[79]。

2014 年，王振等利用离散元软件对 OGFC-10、OGFC-13、OGFC-16 混合料进行虚拟单轴压缩和劈裂试验，研究了确定最佳集料级配的方法[80]。

2014 年，杨军等采用离散元建立了沥青混合料细观力学模型，通过虚拟三轴剪切试验，对该模型的合理性进行了验证[81]。

2014 年，曲立杰等利用离散元建模，通过对颗粒间的接触力以及位移矢量的分布进行分析，研究了级配碎石结构层在力的作用下应力消散的过程[82]。

2014 年，师晓鸽等通过离散元程序分析了颗粒接触特性及应力传递规律，从细观角度分析了矿料滑移破坏机理[83]。

2014 年，周铧等通过离散元建立了多孔沥青混合料车辙板模型，研究了多孔沥青路面在不同温度条件下空隙结构的衰变规律[84]。

2014 年，范亮平等结合数字图像处理技术，构建了沥青混合料离散元模型，从微细观角度研究了集料分布状态对沥青混合料力学性能的影响规律[85]。

2015 年，唐俊讳等借助三维离散元模型，研究各档集料和油石比对沥青混合料高温性能的影响[86]，建立的三维离散元模型及集料的竖向位移-转动角如图 1-18 和图 1-19 所示。

图 1-18 离散元模型

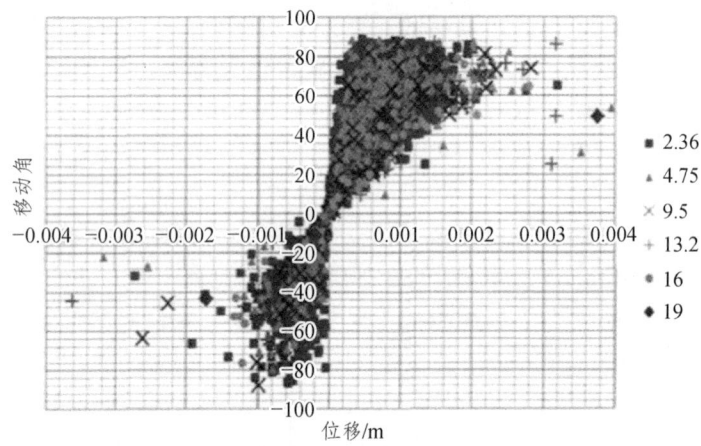

图 1-19 AC20 基准级配集料的竖向位移-移动角

2016 年，周长红等利用离散元软件对沥青混合料的单轴贯入试验进行数值模拟，研究了压头尺寸对沥青混合料单轴贯入破坏强度、试件破坏时的轴向位移以及破坏时的劲度模量的影响[87]。

2017 年，马涛利用离散元软件生成了多孔沥青混合料二维车辙板虚拟试件并进行虚拟车辙试验，研究了加载过程中多孔沥青混合料空隙衰变规律[88]。

从以上的研究可以看出，由于离散元相对于其他分析手段具有其独特的优势，所以 2010 年以来，离散元法引起了许多研究者的重视，并取得了一系列成果。然而从以上研究成果可以看出，大部分研究还是针对虚拟试验的建立以及宏观参数对沥青混合料性能的影响进行分析的，而从微观机理角度进行分析的研究很少，更没有相关文献从微细观角度探究沥青混合料剪切变形过程中各微观结构随时间变化的规律，对于沥青混合料剪切变形的机理还缺乏更深层次的认识。实际上，沥青混合料在剪切荷载作用下变形的过程也是沥青混合料微细观组构演化的过程，本书将借助离散元从微观组构角度着手进行分析，研究在外界荷载作用下沥青混合料内部组构随时间的演化规律。

1.3 本书的主要内容

假定沥青路面是由宏观各向同性材料组成，本书通过有限元方法分析了沥青路面在刹车荷载作用下剪切应力影响规律，分析并总结国内外剪切试验方法，利用有限元方法研究了利用冲剪试验进行沥青混合料剪切变形性能分析的可行性，通过冲剪试验研究了沥青混合料在剪切荷载作用下的变形规律，借助离散元研究了细观结构对沥青混合料剪切变形的影响，从细观角度揭示了沥青混合料剪切变形的机理，借助离散元和室内试验对沥青混合料级配进行了优化设计。主要研究内容如下：

（1）基于刹车荷载的沥青路面剪切应力分析。

基于对汽车荷载以及摩擦系数与滑移率之间关系的研究，确定了在有限元分析时汽车荷载的大小及加载方式。将沥青路面材料假定为横观各向同性，通过有限元研究了沥青路面在刹车荷载作用下，横观各向同性系数、摩擦系数对不同深度处沥青路面剪切应力的影响规律。

（2）冲击剪切试验可行性分析。

利用三维有限元对三轴试验、单轴贯入试验和冲击剪切试验进行分析，研究了冲击剪切试验用于沥青混合料剪切变形性能分析的可行性。利用有限元对沥青路面结构层和室内试验试件内部的应力分布进行分析，研究了冲击剪切试验压头直径、中空底座内径对沥青混合料抗冲击剪切变形性能的影响规律，并对试验参数的确定提出了建议。

（3）沥青混合料冲剪试验方法分析。

利用UTM-100试验设备进行室内试验，研究压头尺寸、试验温度、试件尺寸以及加载速率对沥青混合料抗冲击剪切性能的影响。通过室内试验研究确定了压头尺寸、试件尺寸以及加载速率等试验参数。

（4）沥青混合料冲击剪切数值试验方法。

基于 PFC 软件提供的 clump 理论随机生成不规则颗粒。利用 PFC 软件提供的二次开发端口开发了 Burgers 接触模型。基于 FISH 语言编写相关代码，实现室内冲击剪切试验加载条件，建立沥青混合料物理模型，通过室内试验对细观参数进行了标定，最终建立了沥青混合料数值试验方法。

（5）基于细观结构的沥青混合料冲击剪切变形分析。

借助开发的冲击剪切数值试验方法，研究粗集料含量、孔隙率以及级配对沥青混合料剪切变形影响规律。通过冲击剪切数值试验，借助玫瑰图相关知识，研究不同的加载方式下接触法向、法向接触力以及切向接触力在冲击剪切荷载作用下的演变规律。

（6）基于细观结构的沥青混合料性能优化。

借助数值试验和室内试验，采用正交试验方法，研究了基于冲击剪切变形试验的级配优化设计方法，并通过室内试验验证了该方法的可行性。

2 冲击剪切荷载作用下沥青路面动力响应分析

在我国，沥青路面是主要的路面结构形式。在汽车荷载作用下，沥青路面内部会产生剪切应力和剪切应变；汽车在行驶过程中不断地加速和减速，会给沥青路面带来冲击作用，在沥青混合料内部会产生冲击剪切应力。本章采用刹车荷载模拟汽车对沥青路面的冲击作用，建立三维有限元模型，分析沥青路面在冲击剪切荷载作用下的动力响应，为沥青混合料冲击剪切特性的研究奠定基础。分析时将刹车荷载分解为水平荷载和垂直荷载，沥青路面材料假定为横观各向同性。

2.1 有限元模型建立

汽车在启动和制动时会对沥青路面产生冲击作用，并在沥青路面内部产生冲击剪切荷载。本章通过有限元软件，研究了半刚性路面结构形式在刹车荷载作用下的动力响应，用于分析冲击荷载对沥青路面的作用。材料参数方面考虑了材料的横观各向同性，荷载形式采用考虑制动作用下的动荷载，制动产生的水平力通过设定不同的摩擦力表征，深入分析了不同的横观各向同性系数，不同的应力水平对沥青路面结构的影响规律。

为了使计算过程简便、可行且保证计算精度，有限元模拟时对材料特性、车辆荷载及模型结构特性等进行了如下的假设：① 垂直荷载与水平荷载为同周期变化；② 水平荷载是由路面摩擦力引起的；③ 路面各结构层之间的接触状态假定为完全连续；④ 面层和基层厚度有限，在水平向无限延伸，土基沿水平方向及深度方向为无限延伸；⑤ 沥青面层由横观各向同性，土基及半刚性基层由各向同性材料组成。

2.1.1 模型尺寸设定

根据实际的测算，当纵向长度大于 10 m 时，对于提高计算精度作用比较小。因此，本研究确定模型尺寸为 $X \times Y \times Z = 6\,m \times 8\,m \times 10\,m$。其中 X 为道路横向方向，与车辆行驶的方向垂直；Y 为道路的深度方向，与 XZ 平面相垂直；Z 为道路的纵向方向，与车辆的行驶方向相同。沥青路面由多层结构组成，一般的道路结构是由面层、基层和土基三大部分组成，面层可能由上、中、下面层组成，基层可能有上基层、底基层。为了简化计算，模拟时将道路结构层简化为面层 18 cm + 基层 50 cm + 土基 732 cm，每层的材料组成相同，如图 2-1 所示。参考国内外沥青路面结构形式，本书以半刚性路面结构作为研究对象进行分析。

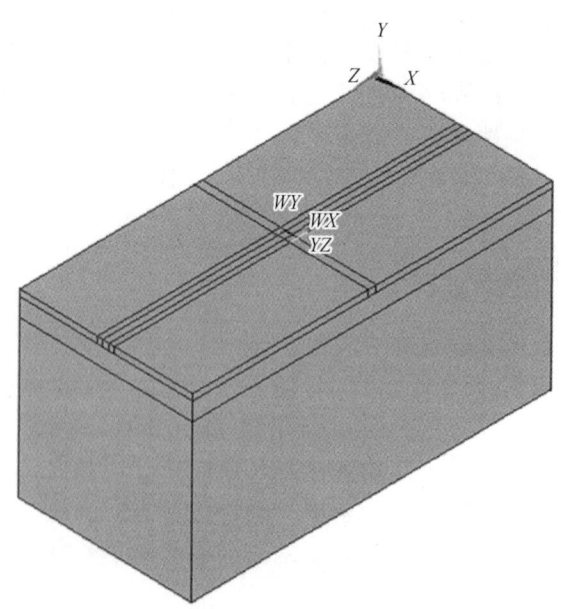

图 2-1 半刚性路面三维有限元模型

2.1.2 荷载及边界条件

根据相关的研究可知[94]，制动时不同的路面结构轮胎与路面之间的摩擦系数是不同的，如表 2-1 所示。在进行有限元计算时摩擦系数分别取 0.3、0.5 和 0.7。考虑到汽车的震动，分析时垂直作用力取 130 kN。假定垂作用力和水平摩擦力均匀分布在接触面上。

表 2-1　路面峰值摩擦系数和滑动摩擦系数

路面类型	峰值摩擦系数	滑动摩擦系数
沥青或混凝土（干）	0.8~0.9	0.75
沥青（湿）	0.5~0.7	0.45~0.6
混凝土（湿）	0.8	0.7
雪（压紧）	0.2	0.15
冰	0.1	0.07

根据我国规范，将轮组简化为单圆荷载图式或双圆荷载图式，如图 2-2 所示。数值模拟中，为了降低网格划分难度，根据面积等效原理[95, 96]，将车辆荷载简化为双矩形荷载图式，矩形的边长为 22.78 cm，宽度为 15.68 cm，矩形中心的距离为 34 cm，如图 2-3 所示。制动时的初始速度取 $v=60$ km/h，汽车的初始位置为 $z=0$ 位置，应力、应变分析的点为穿过模型中心的垂直线上不同深度的位置。边界条件为：除了路表面外，模型的其他各面均为固定约束。

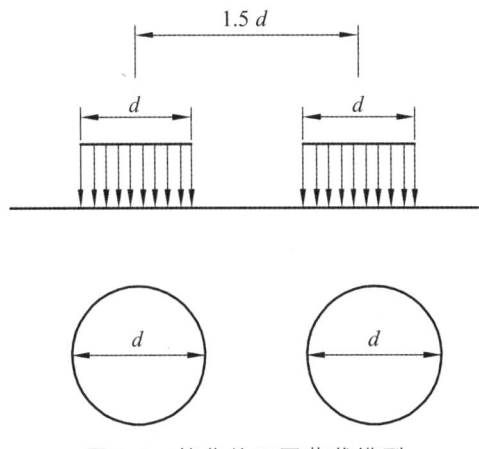

图 2-2　简化的双圆荷载模型

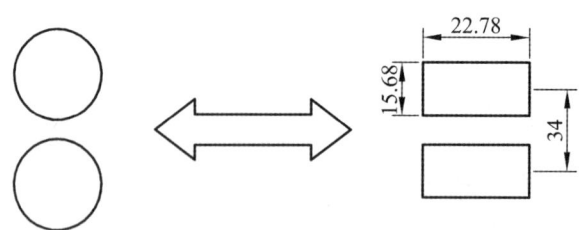

图 2-3 轮印面积简化图（单位：cm）

2.1.3 材料参数选取及网格划分

为了分析方便，将道路结构层假定为由面层、基层和土基组成的弹性层状体系，面层假定为由横观各向同性材料组成，结构层的横观各向同性用横观各向同性系数 α（即水平向模量与垂直向模量的比值）表征，即：

$$\alpha = E_x / E_y \qquad (2.14)$$

$$G_{xy} = \frac{E_y}{2(1+\mu_{xy})} \qquad (2.15)$$

沥青面层横观各向同性系数分别取 0.2、0.5、0.8、1.0，假定基层和土基由各向同性材料组成。各结构层垂直向材料参数如表 2-2 和图 2-4 所示。

表 2-2 沥青路面材料参数

结构层	弹性模量 /MPa	泊松比 μ	剪切模量 G /MPa	密度 /(kg·m^{-3})	阻尼系数
沥青混凝土面层	1 400	0.3	538	2 400	0.05
半刚性基层	1 500	0.25	600	2 100	0.05
土基	40	0.35	15	1 700	0.05

在进行有限元计算时，选取了 solid45、solid92 和金字塔过渡单元 solid95 进行分析。为了计算更加准确，将荷载范围网格进行了加密，有限元模型如图 2-5 所示。分析之前，对有限元计算结果的正负号做了如下规定：如果截面外法线方向沿着坐标轴的正方向，则这个面上的分量沿着坐标轴的正方向为正，沿着坐标轴的负方向则为负；相反，如果截面的外法线方向沿着坐标轴的负方向，则这个面上的分量沿着坐标轴的负方向为正，沿着坐标轴的正方向则为负。

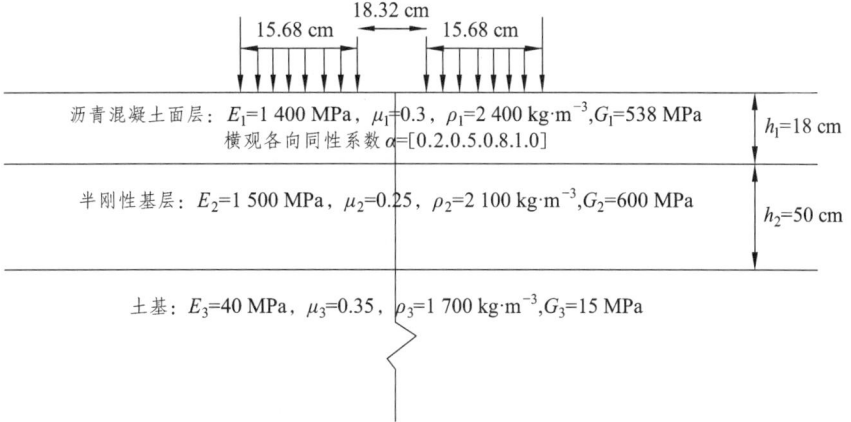

图 2-4　半刚性路面结构示意图

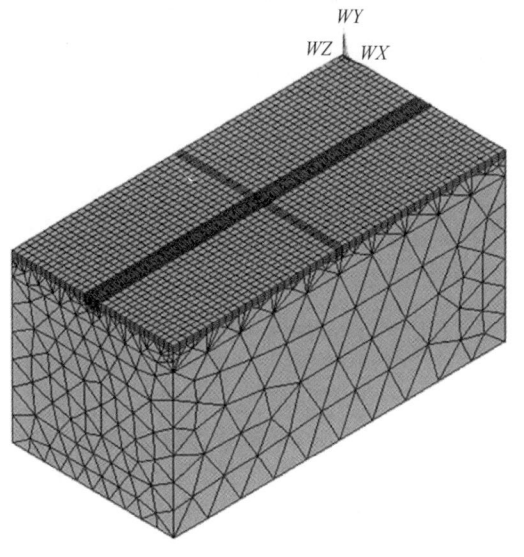

图 2-5　半刚性路面三维有限元模型

2.2　沥青路面剪切应力分析

2.2.1　不同深度处水平剪应力分析

1．横观各向同性系数影响分析

本节是分析摩擦系数分别为 0.3、0.5、0.7，深度分别为 0.02 m、0.07 m、

0.13 m 和 0.16 m 时,横观各向同性系数对水平剪应力影响时程分析。

(1)摩擦系数为 0.3 时。

摩擦系数为 0.3 时,不同深度处横观各向同性系数对水平剪应力(S_{yz})影响时程分析,如图 2-6～图 2-9 所示。

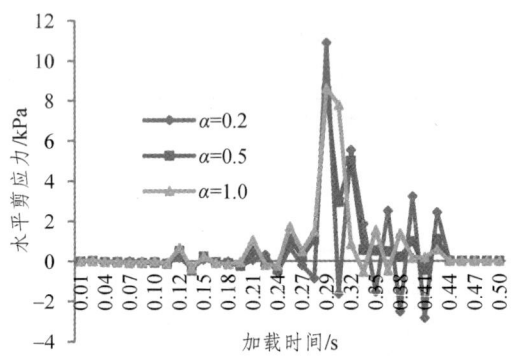

图 2-6　深 0.02 m 水平剪应力时程分析

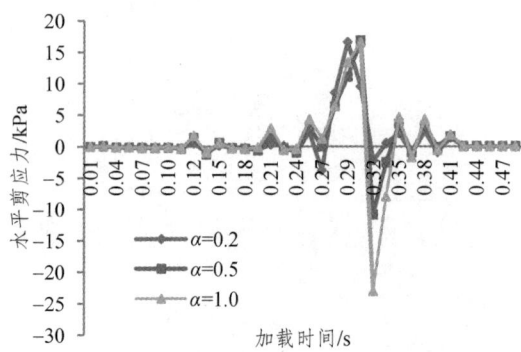

图 2-7　深 0.07 m 水平剪应力时程分析

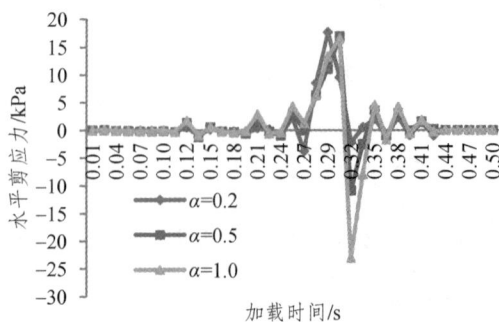

图 2-8　深 0.13 m 水平剪应力时程分析

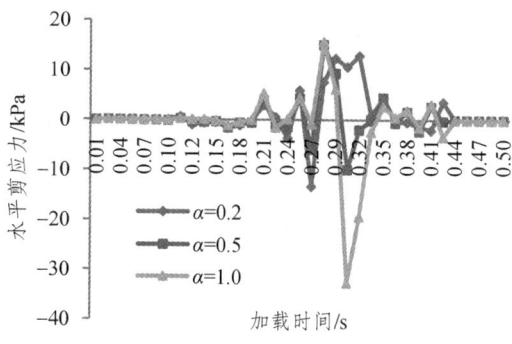

图 2-9　深 0.16 m 水平剪应力时程分析

（2）摩擦系数为 0.5 时。

摩擦系数为 0.5 时，不同深度处横观各向同性系数对水平剪应力（S_{yz}）影响时程分析，如图 2-10 ~ 图 2-13 所示。

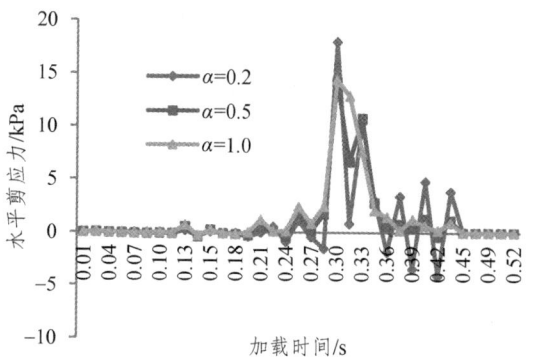

图 2-10　深 0.02 m 水平剪应力时程分析

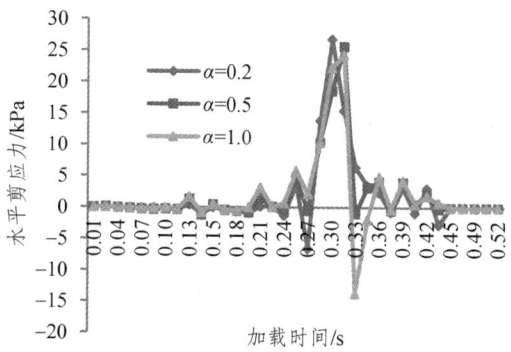

图 2-11　深 0.07 m 水平剪应力时程分析

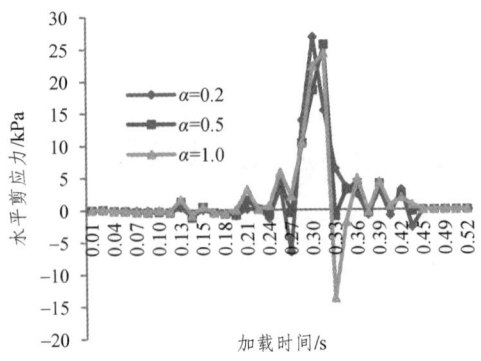

图 2-12 深 0.13 m 水平剪应力时程分析

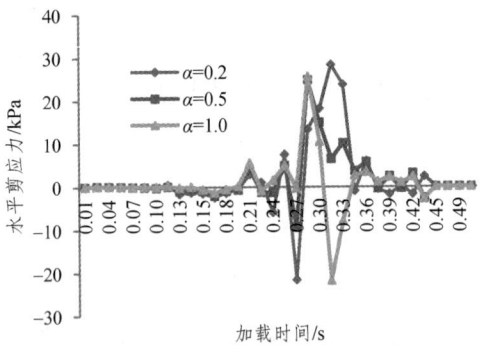

图 2-13 深 0.16 m 水平剪应力时程分析

（3）摩擦系数为 0.7 时。

摩擦系数为 0.7 时，不同深度处横观各向同性系数对水平剪应力（S_{yz}）影响时程分析，如图 2-14 ~ 图 2-17 所示。

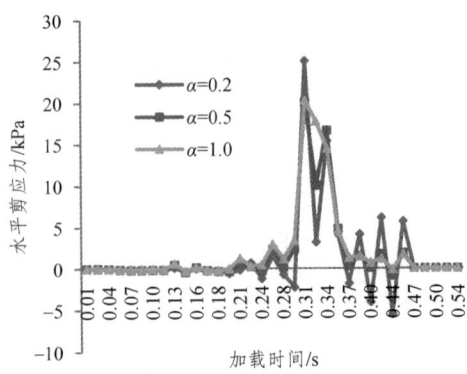

图 2-14 深 0.02 m 水平剪应力时程分析

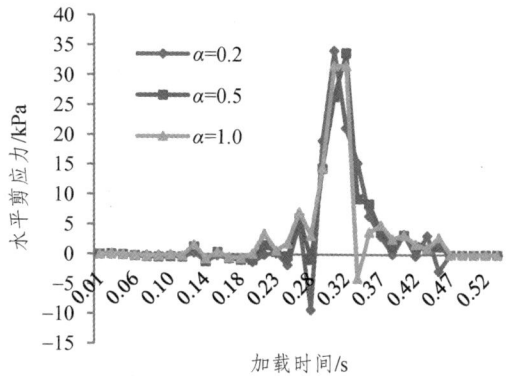

图 2-15 深 0.07 m 水平剪应力时程分析

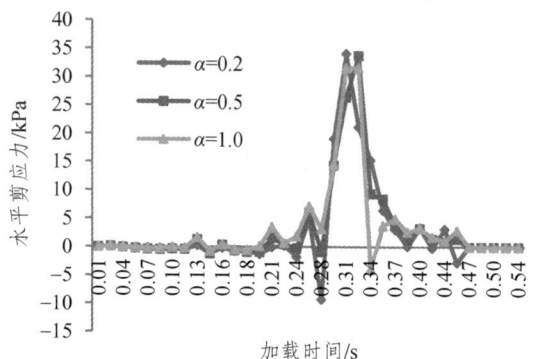

图 2-16 深 0.13 m 水平剪应力时程分析

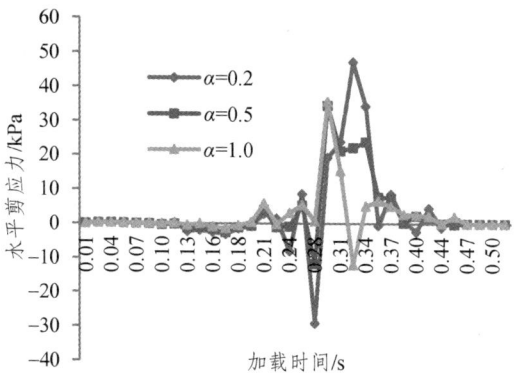

图 2-17 深 0.16 m 水平剪应力时程分析

由图 2-6 ~ 图 2-17 可以看出，当深度为 0.02 m 时，水平剪应力峰值出现前水平剪应力为正值，随着深度的增加水平剪应力会出现负值；整体上来说，正的应力峰值随着横观各向同性系数 α 的增大而逐渐减小，说明横观各向同性系数对水平剪切应力有一定的影响。

2．摩擦系数对水平剪应力影响时程分析

本节是分析横观各向同性系数分别为 0.2、0.5、1.0，深度分别为 0.02 m、0.07 m、0.13 m 和 0.16 m 时，摩擦系数对沥青路面水平剪应力（S_{yz}）影响时程分析。

（1）横观各向同性系数 α 为 0.2 时。

横观各向同性系数 α 为 0.2 时，不同深度处摩擦系数对水平剪应力（S_{yz}）影响时程分析，如图 2-18～图 2-21 所示。

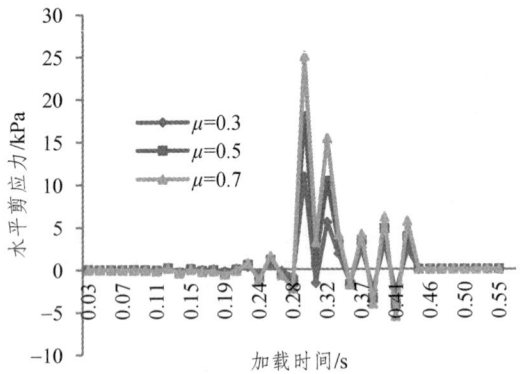

图 2-18 深 0.02 m 水平剪应力时程分析

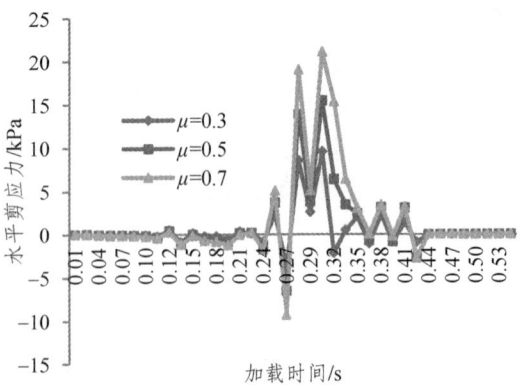

图 2-19 深 0.07 m 水平剪应力时程分析

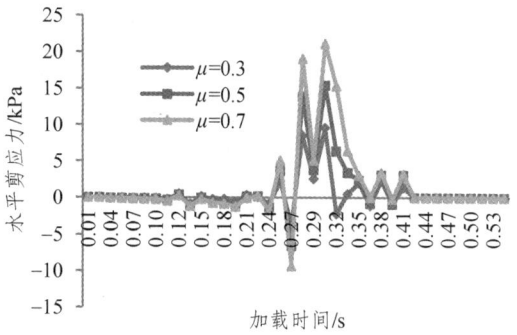

图 2-20　深 0.13 m 水平剪应力时程分析

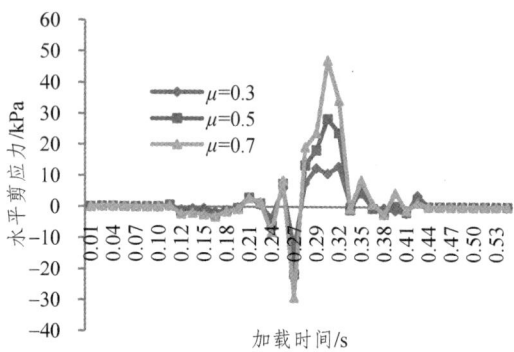

图 2-21　深 0.16 m 水平剪应力时程分析

（2）横观各向同性系数 α 为 0.5 时。

横观各向同性系数 α 为 0.5 时，不同深度处摩擦系数对水平剪应力（S_{yz}）影响时程分析，如图 2-22～图 2-25 所示。

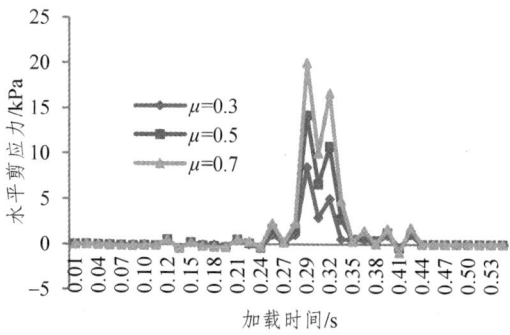

图 2-22　深 0.02 m 水平剪应力时程分析

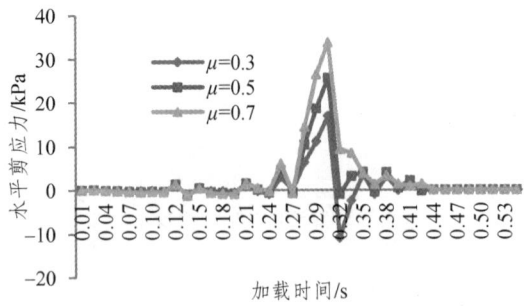

图 2-23 深 0.07 m 水平剪应力时程分析

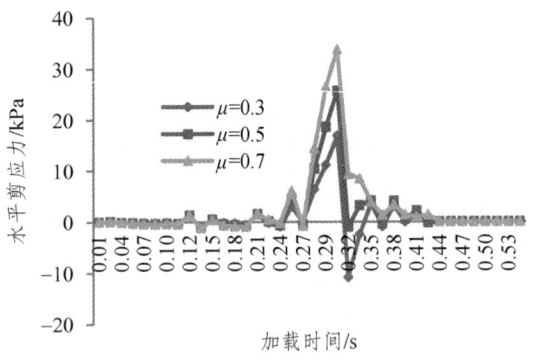

图 2-24 深 0.13 m 水平剪应力时程分析

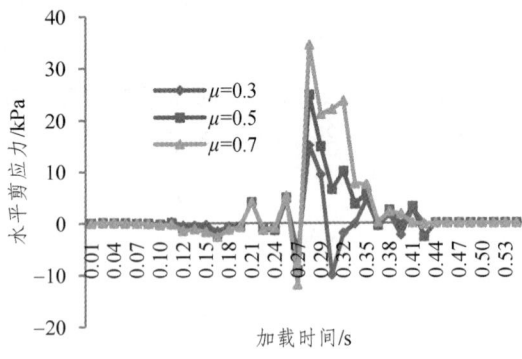

图 2-25 深 0.16 m 水平剪应力时程分析

(3)横观各向同性系数 α 为 1.0 时。

横观各向同性系数 α 为 1.0 时,不同深度处摩擦系数对水平剪应力(S_{yz})影响时程分析,如图 2-26~图 2-27 所示。

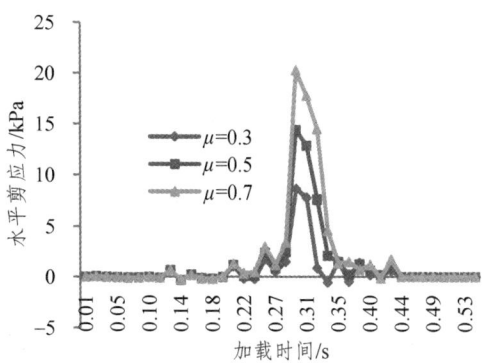

图 2-26 深 0.02 m 水平剪应力时程分析

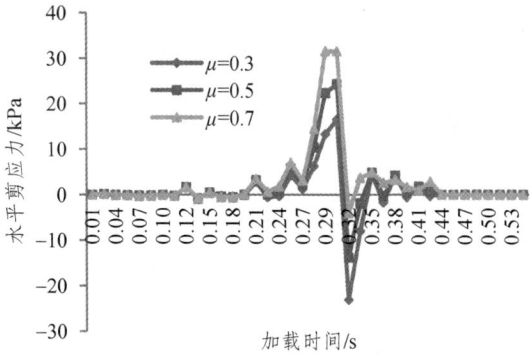

图 2-27 深 0.07 m 水平剪应力时程分析

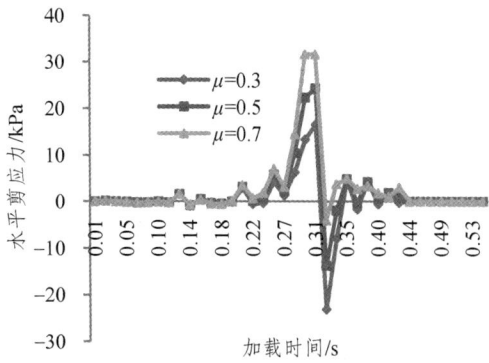

图 2-28 深 0.13 m 水平剪应力时程分析

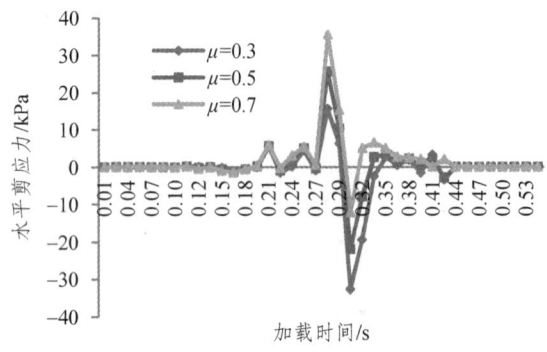

图 2-29　深 0.16 m 水平剪应力时程分析

由图 2-18～图 2-29 可以得出，随着深度的增加会出现比较大的负的水平剪应力；整体上来说，负的水平剪应力峰值随着摩擦系数的增加而减小，正的水平剪应力峰值则随着摩擦系数 μ 的增大而增大。

2.2.2　不同深度处垂直剪切应力分析

1. 横观各向同性系数对垂直剪应力影响分析

本节是分析摩擦系数分别为 0.3、0.5、0.7，深度分别为 0.02 m、0.07 m、0.13 m 和 0.16 m 时，横观各向同性系数对垂直剪应力影响时程分析。

（1）摩擦系数为 0.3 时。

摩擦系数为 0.3 时，不同深度处横观各向同性系数对垂直剪应力（S_{xy}）影响时程分析，如图 2-30～图 2-33 所示。

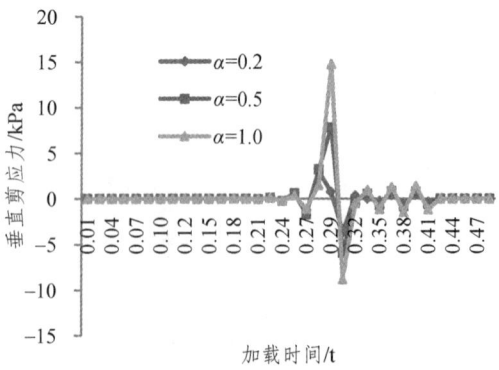

图 2-30　深 0.02 m 垂直剪应力时程分析

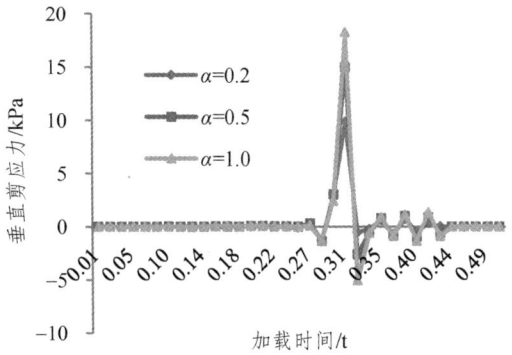

图 2-31　深 0.07 m 垂直剪应力时程分析

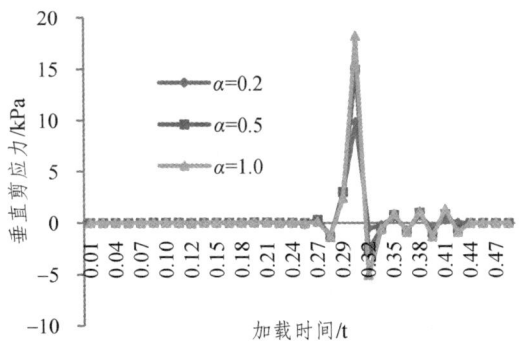

图 2-32　深 0.13 m 垂直剪应力时程分析

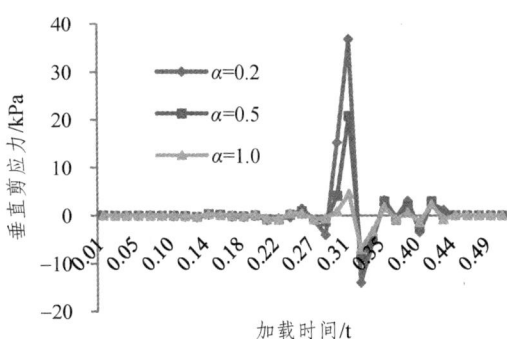

图 2-33　深 0.16 m 垂直剪应力时程分析

（2）摩擦系数 0.5 时。

摩擦系数为 0.5 时，不同深度处横观各向同性系数对垂直剪应力（S_{xy}）影响时程分析，如图 2-34 ~ 图 2-37 所示。

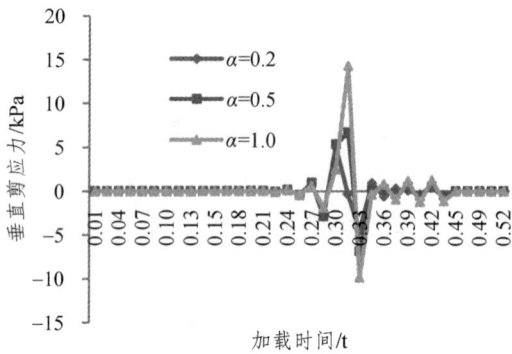

图 2-34　深 0.02 m 垂直剪应力时程分析

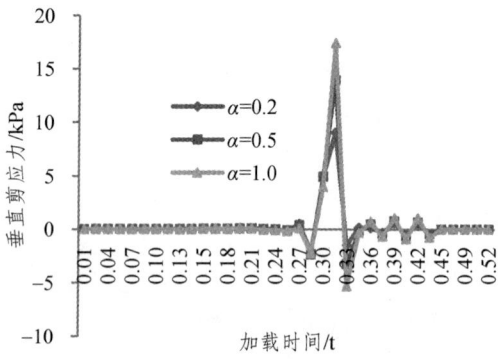

图 2-35　深 0.07 m 垂直剪应力时程分析

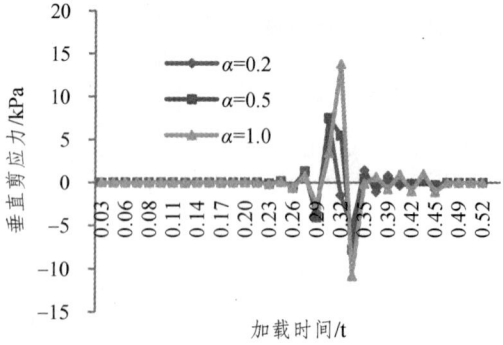

图 2-36　深 0.13 m 垂直剪应力时程分析

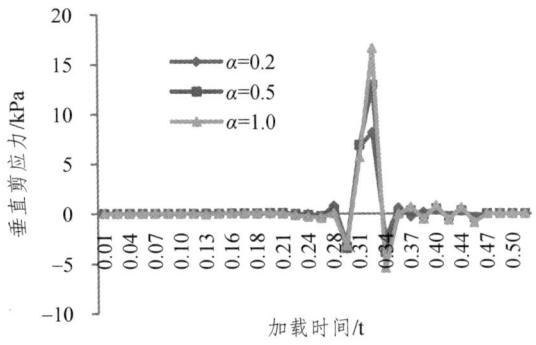

图 2-37　深 0.16 m 垂直剪应力时程分析

（3）摩擦系数 0.7 时。

摩擦系数为 0.7 时，不同深度处横观各向同性系数对垂直剪应力（S_{xy}）影响时程分析，如图 2-38~图 2-41 所示。

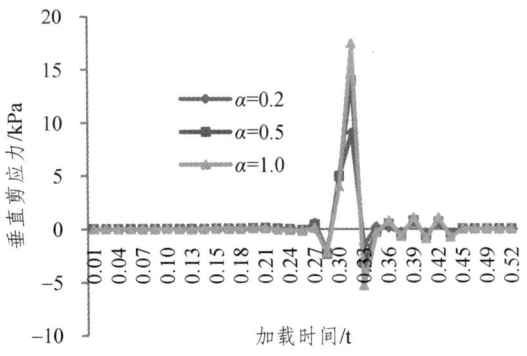

图 2-38　深 0.02 m 垂直剪应力时程分析

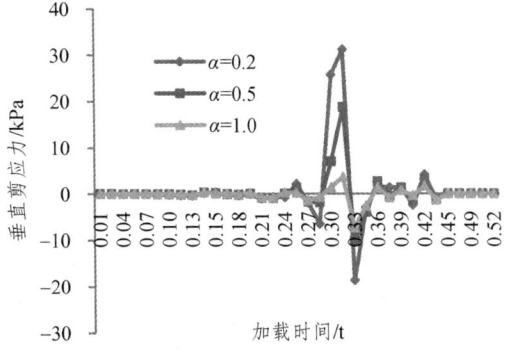

图 2-39　深 0.07 m 垂直剪应力时程分析

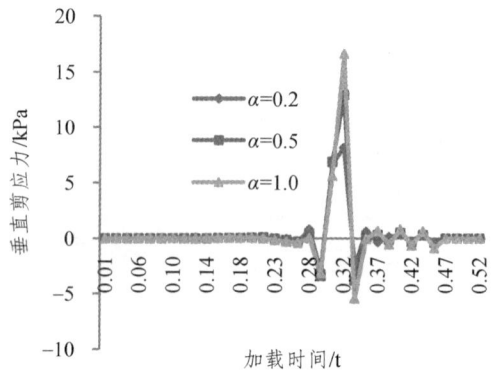

图 2-40 深 0.13 m 垂直剪应力时程分析

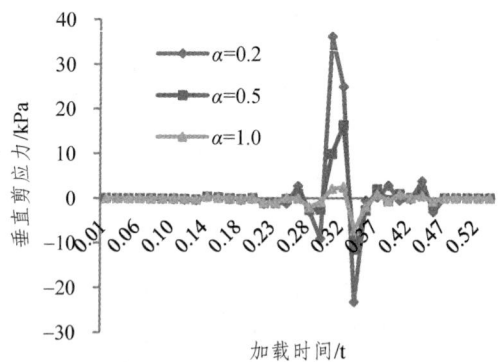

图 2-41 深 0.16 m 垂直剪应力时程分析

由图 2-30~图 2-41 得出，整体上来说随横观各向同性系数 α 的增大垂直剪应力也在增大；当 $\alpha=1$ 时，随着深度的增加，垂直剪应力先增大后减小，这与以前的成果相符。

2. 摩擦系数对垂直剪应力影响分析

本节是分析横观各向同性系数 α 分别为 0.2、0.5、1.0，深度分别为 0.02 m、0.07 m、0.13 m 和 0.16 m 时，摩擦系数对沥青路面垂直剪应力影响时程分析。

（1）横观各向同性系数为 0.2 时。

横观各向同性系数 α 为 0.2 时，不同深度处摩擦系数对垂直剪应力（S_{xy}）影响时程分析，如图 2-42~2-45 所示。

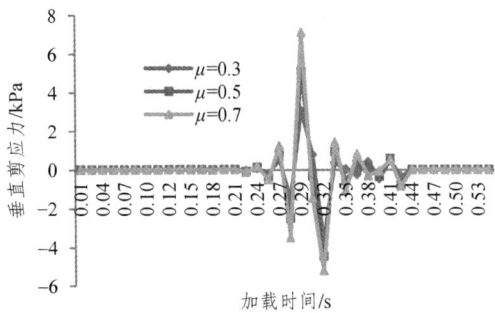

图 2-42 深 0.02 m 垂直剪应力时程分析

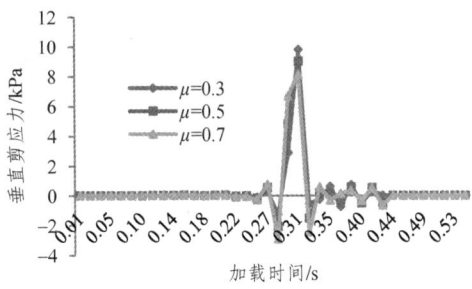

图 2-43 深 0.07 m 垂直剪应力时程分析

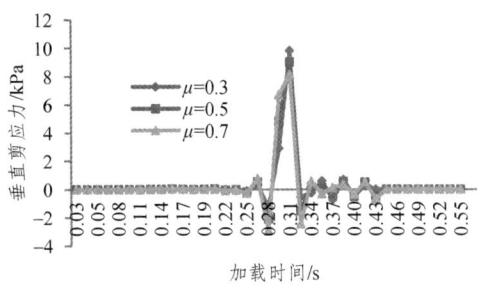

图 2-44 深 0.13 m 垂直剪应力时程分析

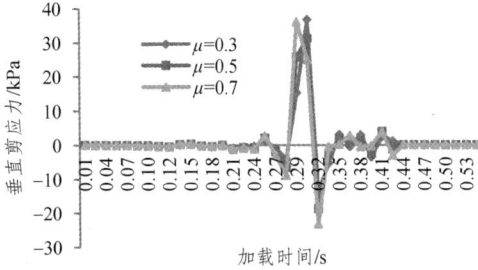

图 2-45 深 0.16 m 垂直剪应力时程分析

（2）横观各向同性系数为 0.5 时。

横观各向同性系数 α 为 0.5 时，不同深度处摩擦系数对垂直剪应力（S_{xy}）影响时程分析，如图 2-46～2-47 所示。

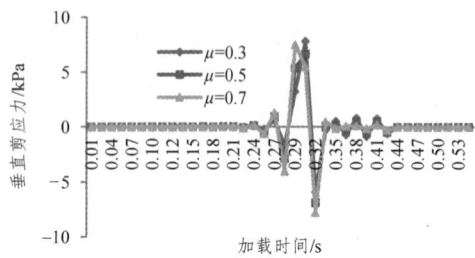

图 2-46　深 0.02 m 垂直剪应力时程分析

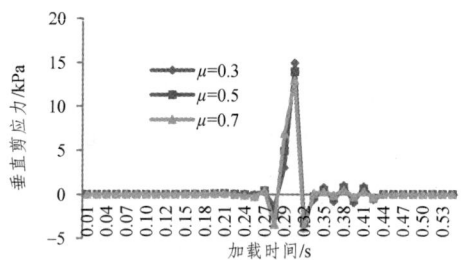

图 2-47　深 0.07 m 垂直剪应力时程分析

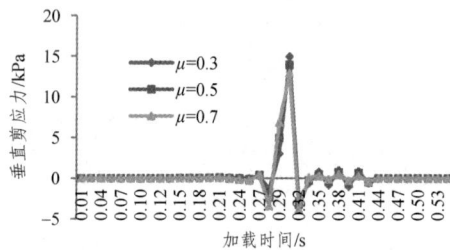

图 2-48　深 0.13 m 垂直剪应力时程分析

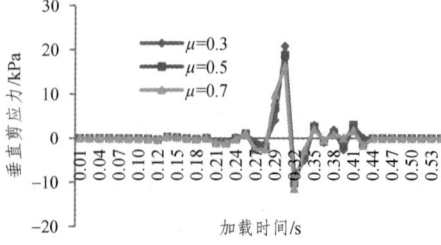

图 2-49　深 0.16 m 垂直剪应力时程分析

（3）横观各向同性系数为 1.0 时。

横观各向同性系数 α 为 1.0 时，不同深度处摩擦系数对垂直剪应力（S_{xy}）影响时程分析，如图 2-50～图 2-53 所示。

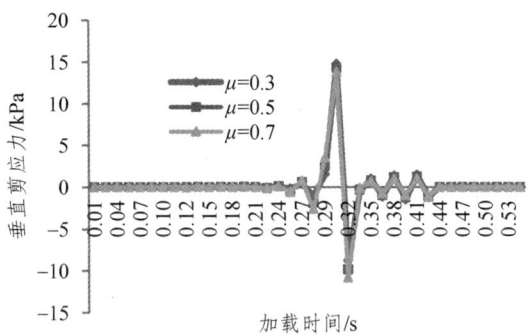

图 2-50　深 0.02 m 垂直剪应力时程分析

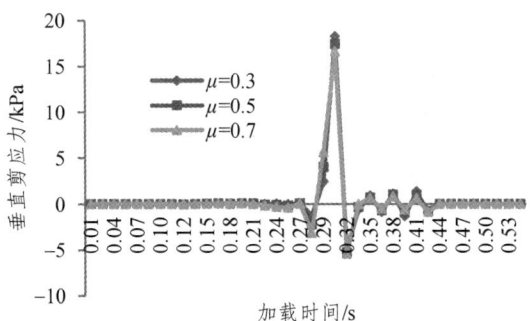

图 2-51　深 0.07 m 垂直剪应力时程分析

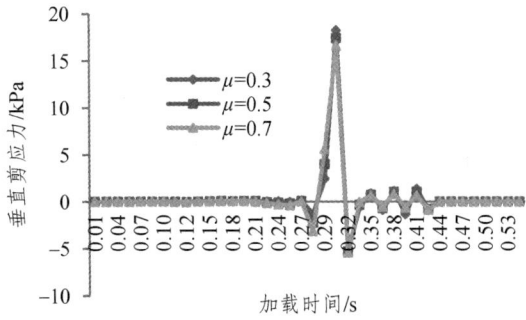

图 2-52　深 0.13 m 垂直剪应力时程分析

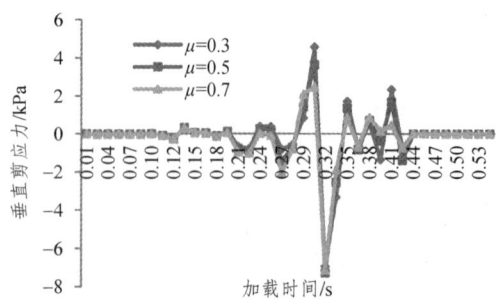

图 2-53 深 0.16 m 垂直剪应力时程分析

由图 2-42～图 2-53 看出，从整体上来说，随着摩擦系数的增大，垂直剪应力逐渐减小。当横观各向同性系数 α 为 1.0 时，垂直剪应力随着深度的增加先增加后减小。

2.3 沥青路面剪切应变分析

2.3.1 不同深度处水平应变分析

1. 横观各向同性系数对水平应变影响分析

本小节是分析摩擦系数分别为 0.3、0.5、0.7，深度分别为 0.02 m、0.07 m、0.13 m 和 0.16 m 时，横观各向同性系数 α 对水平应变影响时程分析。

（1）摩擦系数为 0.3 时。

摩擦系数为 0.3 时，不同深度处横观各向同性系数 α 对水平应变影响时程分析，如图 2-54～图 2-57 所示。

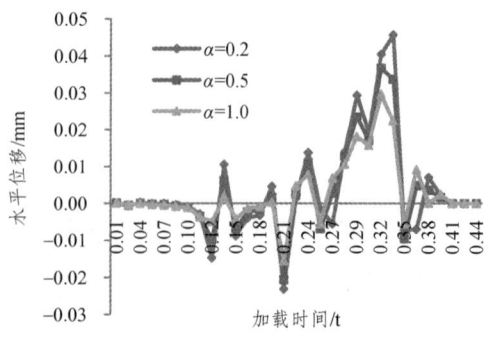

图 2-54 深 0.02 m 水平应变时程分析

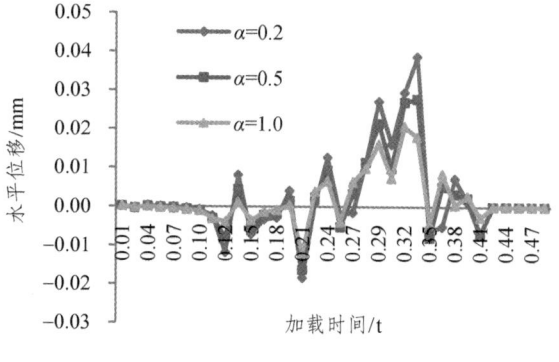

图 2-55 深 0.07 m 水平应变时程分析

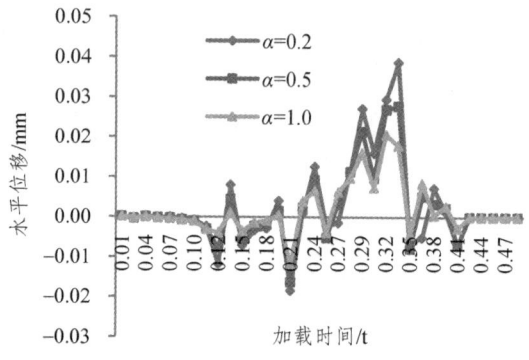

图 2-56 深 0.13 m 水平应变时程分析

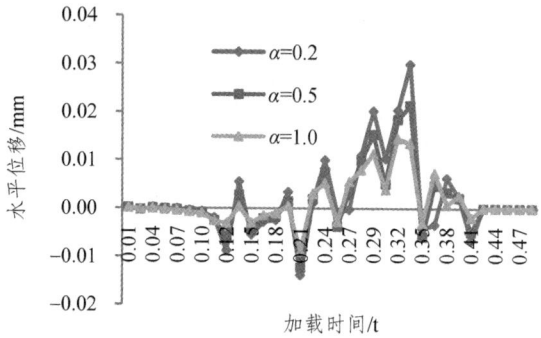

图 2-57 深 0.16 m 水平应变时程分析

（2）摩擦系数为 0.5 时。

摩擦系数为 0.5 时，不同深度处横观各向同性系数 α 对水平应变影响时程分析，如图 2-58~图 2-61 所示。

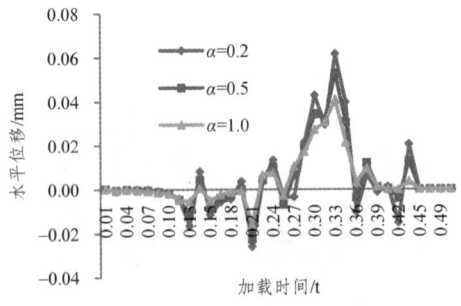

图 2-58 深 0.02 m 水平应变时程分析

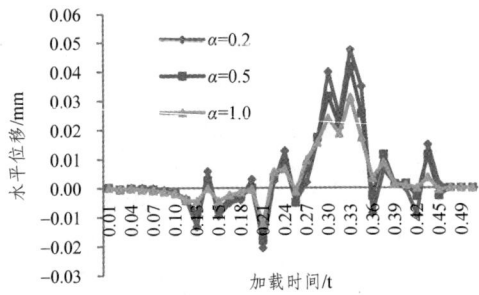

图 2-59 深 0.07 m 水平应变时程分析

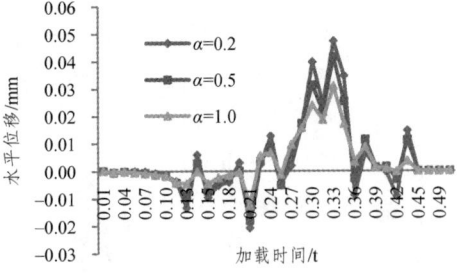

图 2-60 深 0.13 m 水平应变时程分析

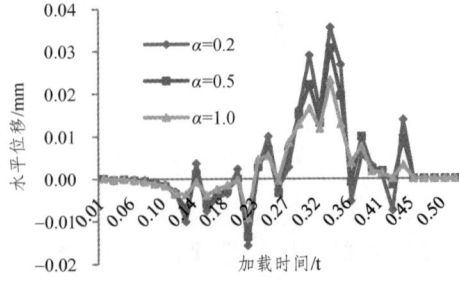

图 2-61 深 0.16 m 水平应变时程分析

（2）摩擦系数为 0.7 时。

摩擦系数为 0.7 时，不同深度处横观各向同性系数 α 对水平应变影响时程分析，如图 2-62～图 2-65 所示。

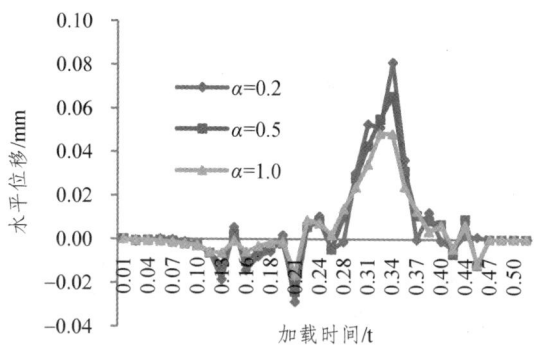

图 2-62　深 0.02 m 水平应变时程分析

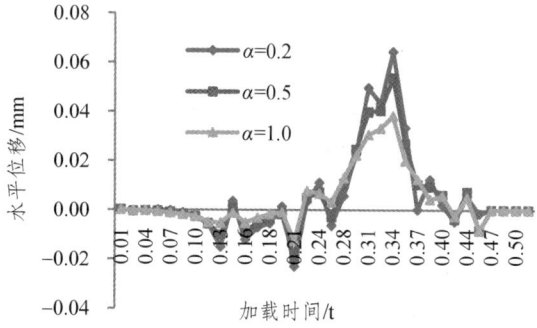

图 2-63　深 0.07 m 水平应变时程分析

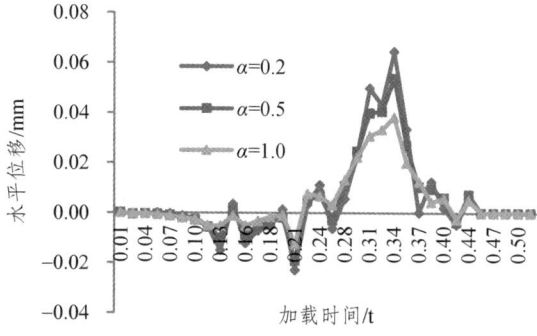

图 2-64　深 0.13 m 水平应变时程分析

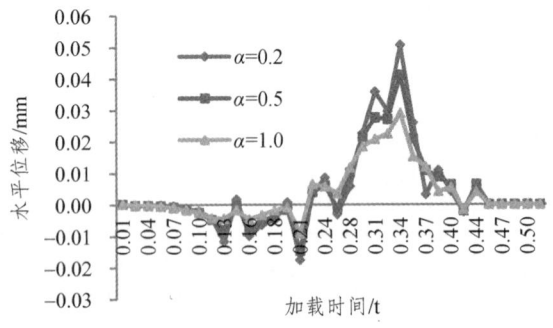

图 2-65　深 0.16 m 水平应变时程分析

从图 2-62~图 2-65 得出，峰值应变随着横观各向同性系数 α 的增大显著减小，横观各向同性系数 α 由 0.2 增大到 1.0，水平应变降低了 30%~60%，降低幅度比较大，说明横观各向同性系数对沥青路面的水平应变影响比较显著；并且，水平应变随着深度的增加而逐渐减小。

2．摩擦系数对水平应变影响时程分析

本小节是分析横观各向同性系数 α 分别为 0.2、0.5、1.0，深度分别为 0.02 m、0.07 m、0.13 m 和 0.16 m 时，摩擦系数对沥青路面水平应变影响时程分析。

（1）横观各向同性系数为 0.2 时。

横观各向同性系数 α 为 0.2 时，不同深度处摩擦系数对水平应变影响时程分析，如图 2-66~图 2-69 所示。

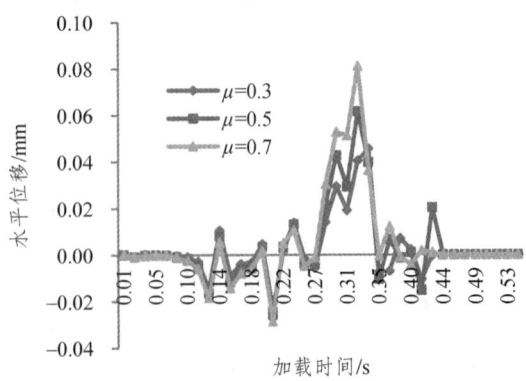

图 2-66　深 0.02 m 水平应变时程分析

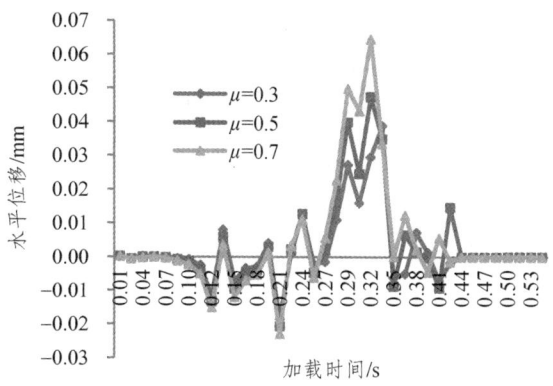

图 2-67 深 0.07 m 水平应变时程分析

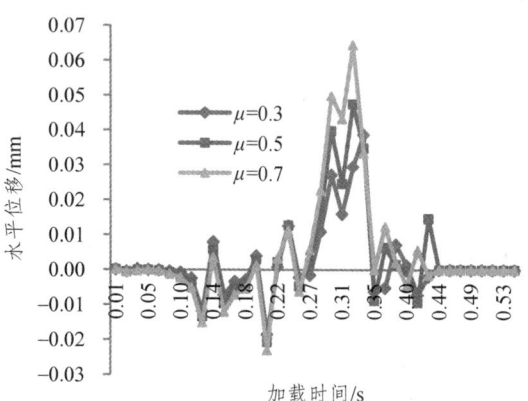

图 2-68 深 0.13 m 水平应变时程分析

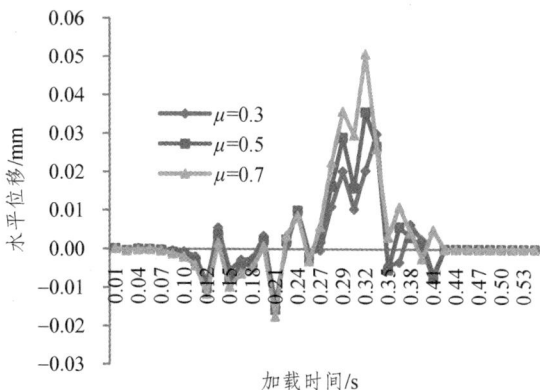

图 2-69 深 0.16 m 水平应变时程分析

（2）横观各向同性系数为 0.5 时。

横观各向同性系数为 0.5 时，不同深度处摩擦系数对水平应变影响时程分析，如图 2-70～图 2-73 所示。

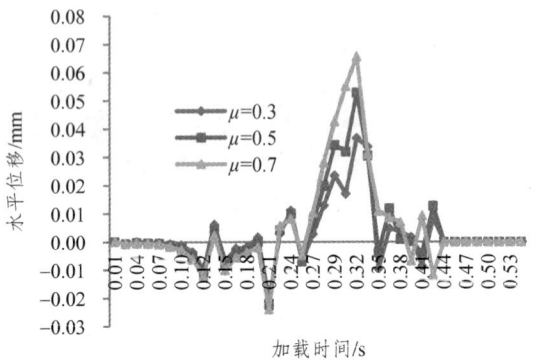

图 2-70　深 0.02 m 水平应变时程分析

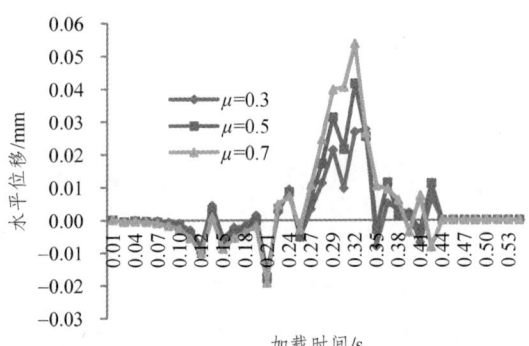

图 2-71　深 0.07 m 水平应变时程分析

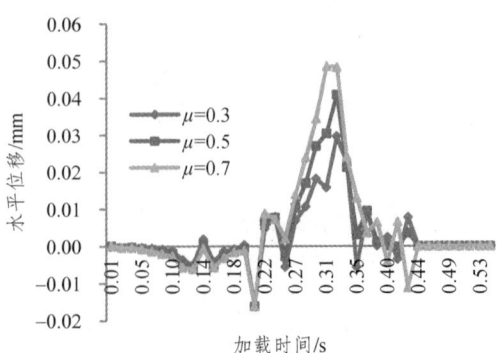

图 2-72　深 0.13 m 水平应变时程分析

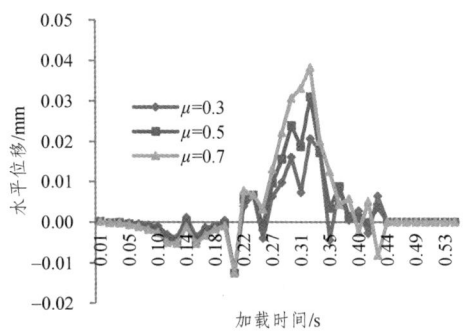

图 2-73 深 0.16 m 水平应变时程分析

(3) 横观各向同性系数为 1.0 时。

横观各向同性系数为 1.0 时,不同深度处摩擦系数对水平应变影响时程分析,如图 2-74 ~ 图 2-77 所示。

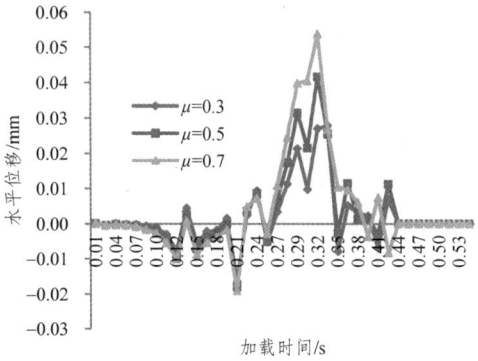

图 2-74 深 0.02 m 水平应变时程分析

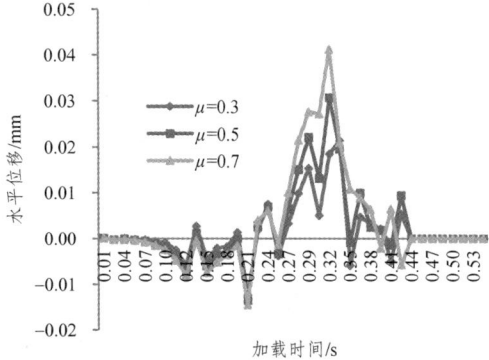

图 2-75 深 0.07 m 水平应变时程分析

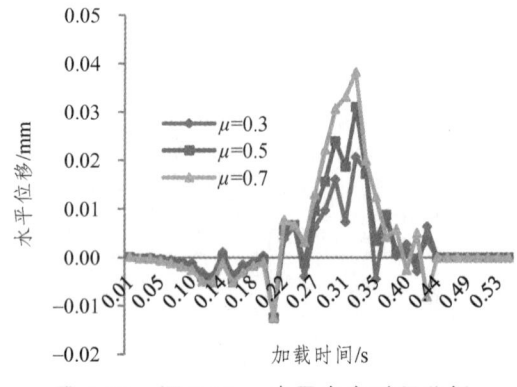

图 2-76　深 0.13 m 水平应变时程分析

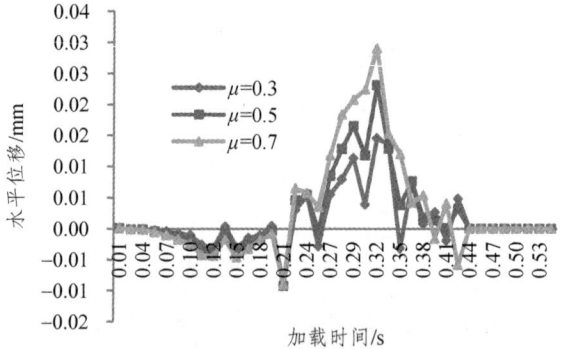

图 2-77　0.16 m 深水平应变时程分析

从图 2-74~图 2-77 及试验数据得出，随着摩擦系数的增大水平应变峰值也在增大，在相同的深度处摩擦系数从 0.3 增加到 0.7，水平应变增加了 100%~150%。

2.3.2　不同深度处竖向应变分析

1. 横观各向同性系数对竖向应变影响分析

本小节是分析摩擦系数分别为 0.3、0.5、0.7，深度分别为 0.02 m、0.07 m、0.13 m 和 0.16 m 时，横观各向同性系数 α 对竖向应变影响时程分析。

（1）摩擦系数为 0.3 时。

摩擦系数为 0.3 时，不同深度处横观各向同性系数 α 对竖向应变影响时程分析，如图 2-78~图 2-81 所示。

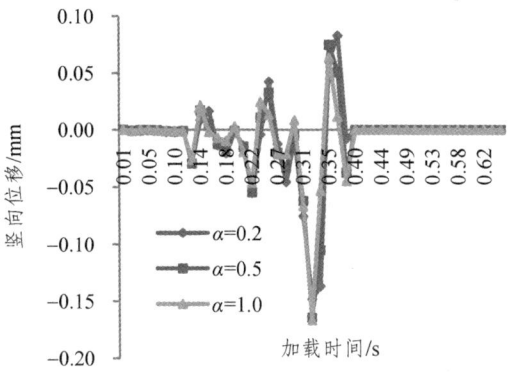

图 2-78　深 0.02 m 竖向应变时程分析

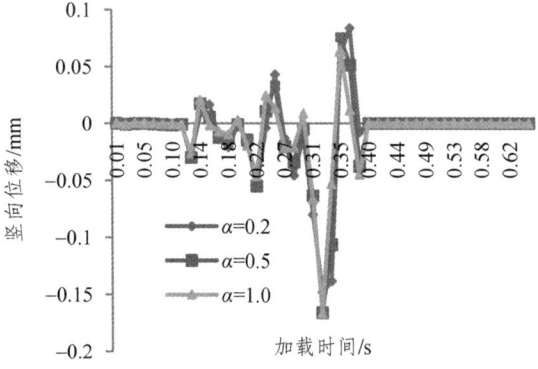

图 2-79　深 0.07 m 竖向应变时程分析

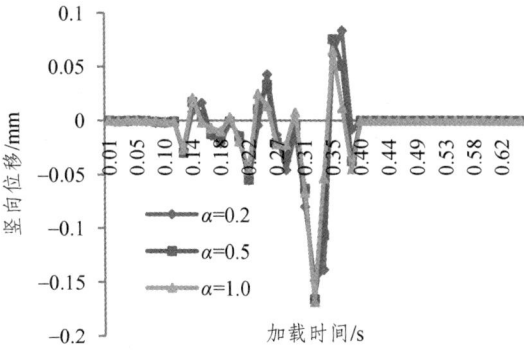

图 2-80　深 0.13 m 竖向应变时程分析

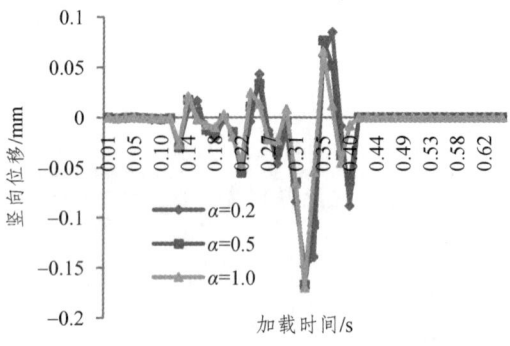

图 2-81　深 0.16 m 竖向应变时程分析

（2）摩擦系数为 0.5 时。

摩擦系数为 0.5 时，不同深度处横观各向同性系数 α 对竖向应变影响时程分析，如图 2-82～图 2-85 所示。

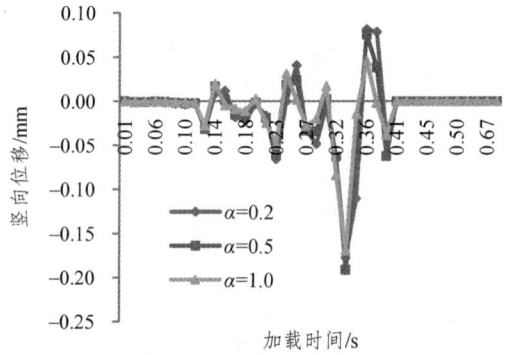

图 2-82　深 0.02 m 竖向应变时程分析

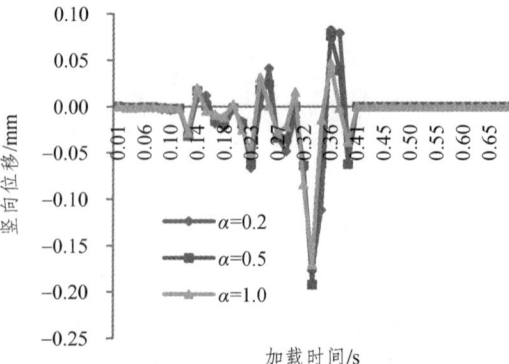

图 2-83　深 0.07 m 竖向应变时程分析

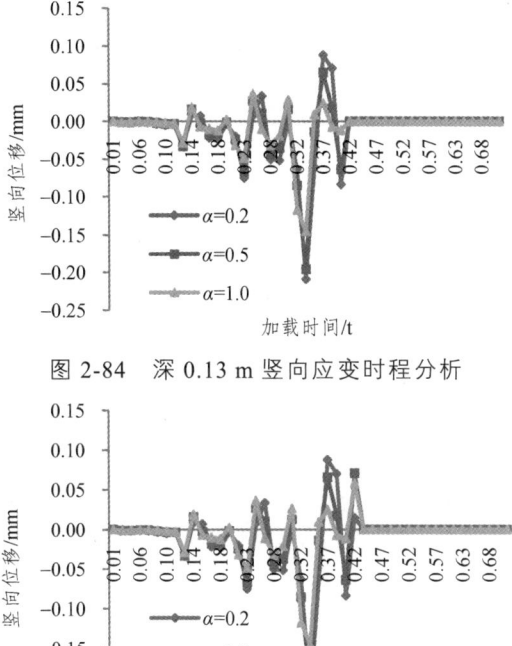

图 2-84　深 0.13 m 竖向应变时程分析

图 2-85　深 0.16 m 竖向应变时程分析

（3）摩擦系数为 0.7 时。

摩擦系数为 0.7 时，不同深度处横观各向同性系数 α 对竖向应变影响时程分析，如图 2-86～图 2-89 所示。

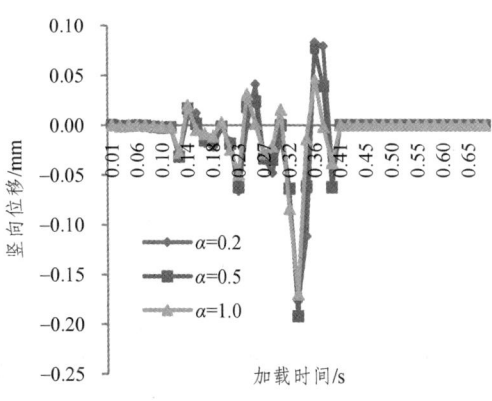

图 2-86　深 0.02 m 竖向应变时程分析

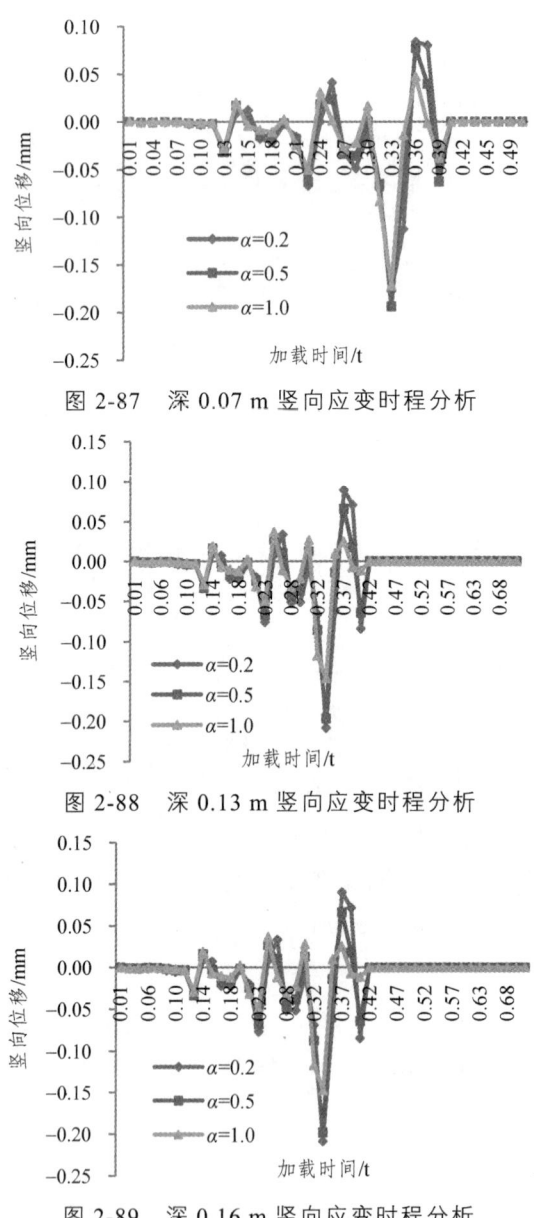

图 2-87 深 0.07 m 竖向应变时程分析

图 2-88 深 0.13 m 竖向应变时程分析

图 2-89 深 0.16 m 竖向应变时程分析

从图 2-86～图 2-89 可以看出，随着横观各向同性系数 α 的增大沥青路面峰值应变逐渐减小；不同的深度处会同时出现一个正的应变峰值和一个负的应变峰值。

2．摩擦系数对竖向应变影响时程分析

本小节是分析横观各向同性系数 α 分别为 0.2、0.5、1.0，深度分别为 0.02 m、0.07 m、0.13 m 和 0.16 m 时，摩擦系数对沥青路面竖向应变影响时程分析。

（1）横观各向同性系数为 0.2 时。

横观各向同性系数 α 为 0.2 时，不同深度处摩擦系数对竖向应变影响时程分析，如图 2-90 ~ 图 2-93 所示。

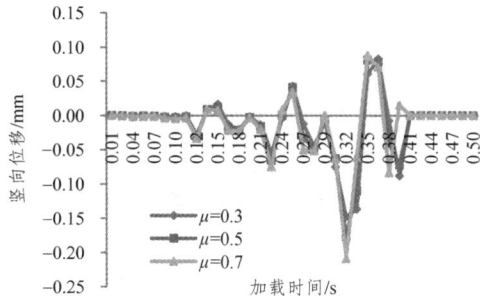

图 2-90　深 0.02 m 竖向应变时程分析

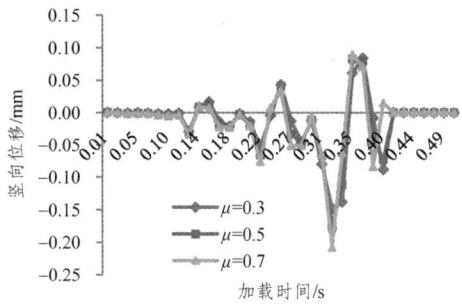

图 2-91　深 0.07 m 竖向应变时程分析

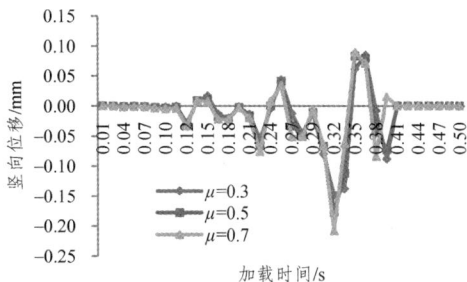

图 2-92　深 0.13 m 竖向应变时程分析

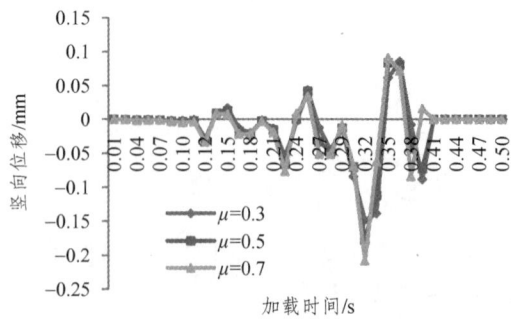

图 2-93　深 0.16 m 竖向应变时程分析

由图 2-90～图 2-93 看出，负的峰值应变随着摩擦系数的增大而增大，但增大的幅度比较小，但对正的峰值应变影响比较小。

（2）横观各向同性系数为 0.5 时。

横观各向同性系数 α 为 0.5 时，不同深度处摩擦系数对竖向应变影响时程分析，如图 2-94～图 2-97 所示。

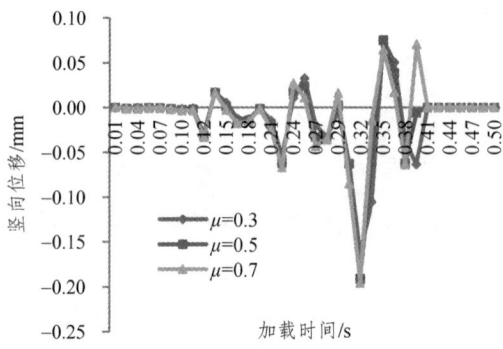

图 2-94　深 0.02 m 竖向应变时程分析

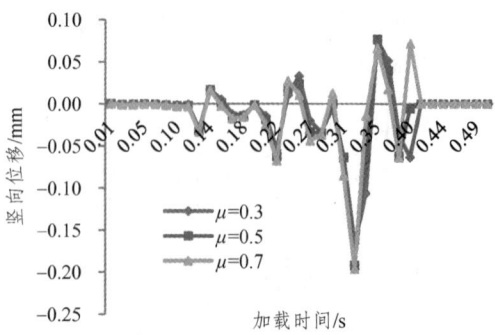

图 2-95　深 0.07 m 竖向应变时程分析

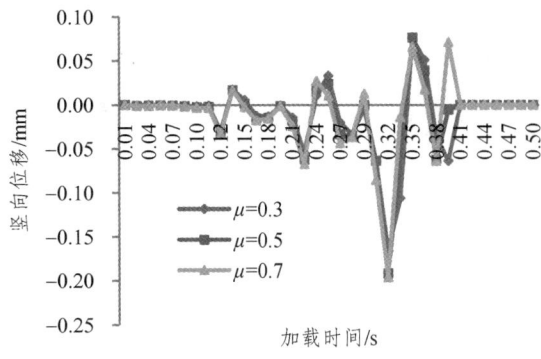

图 2-96　深 0.13 m 竖向应变时程分析

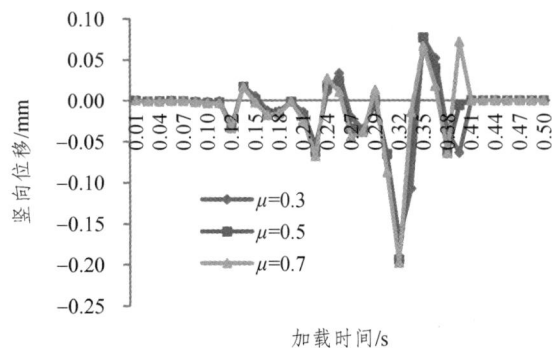

图 2-97　深 0.16 m 竖向应变时程分析

由图 2-94～图 2-97 可以得出，峰值应变前摩擦系数对竖向应变的影响比较小，峰值应变后竖向应变围绕水平轴来回振动，并且振动幅度比较大。摩擦系数对竖向峰值应变影响比较小。

（3）横观各向同性系数为 1.0 时。

横观各向同性系数 α 为 1.0 时，不同深度处摩擦系数对竖向应变影响时程分析，如图 2-98～图 2-101 所示。

由图 2-98～图 2-101 看出，当横观各向同性系数为 1.0 时，即材料各向同性时，且当摩擦系数为 0.5 时竖向应变达到最大值。

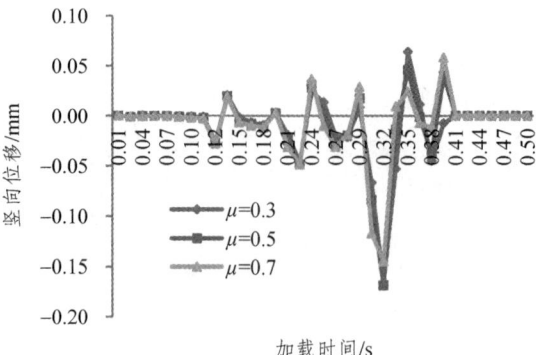

图 2-98　深 0.02 m 竖向应变时程分析

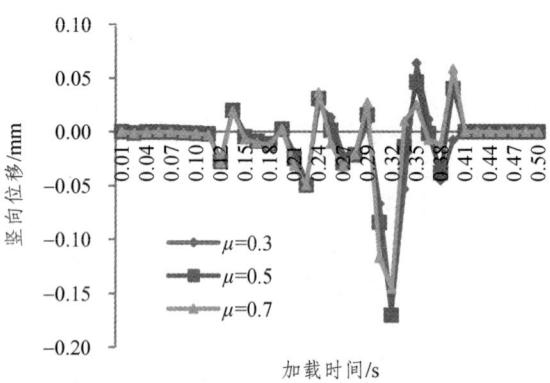

图 2-99　深 0.07 m 竖向应变时程分析

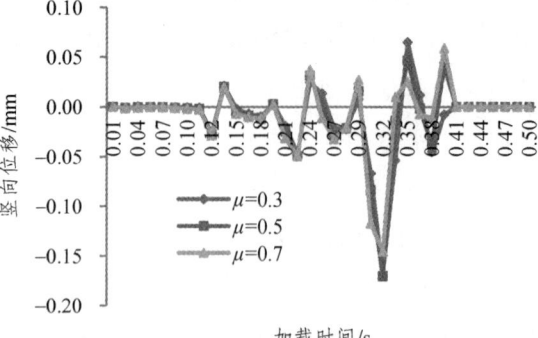

图 2-100　深 0.13 m 竖向应变时程分析

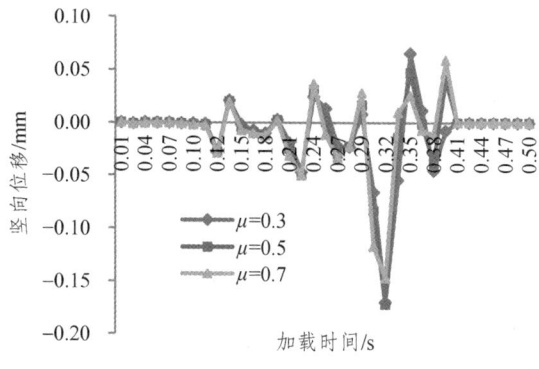

图 2-101 深 0.16 m 竖向应变时程分析

2.4 本章小结

本章通过有限元软件,研究了半刚性路面结构形式在冲击剪切荷载作用下应力应变变化规律。材料参数方面考虑了材料的横观各向同性,荷载形式考虑了制动荷载作用下的移动荷载,深入分析了不同横观各向同性系数,不同应力水平对沥青路面结构的影响规律。主要结论如下:

(1) 随着参数变化,路面结构层中水平剪应力会出现比较大的正的水平剪应力峰值或负的水平剪应力峰值;正的水平剪应力峰值随着摩擦系数 μ 的增大而增大,负的水平剪应力峰值随着摩擦系数的增加而减小。

(2) 整体上来说,正的应力峰值随着横观各向同性系数 α 的增大而逐渐减小,说明横观各向同性系数对水平剪切应力有一定的影响。

(3) 整体上来说,随横观各向同性系数 α 的增大垂直剪应力也在增大。

(4) 从整体上来说,随着摩擦系数的增大,垂直剪应力逐渐减小。当横观各向同性系数 α 为 1.0 时,垂直剪应力随着深度的增加先增加后减小。

(5) 随着横观各向同性系数 α 的增大沥青路面峰值应变逐渐减小;不同的深度处会同时出现一个正的应变峰值和一个负的应变峰值。

(6) 竖向应变峰值出现前摩擦系数 μ 对竖向应变的影响不大,应变峰值随着摩擦系数的增大而增大。应变峰值出现后竖向应变围绕水平轴来回振动，并且振动比较剧烈。

（7）峰值应变随着横观各向同性系数 α 的增大显著减小，横观各向同性系数对沥青路面的水平应变影响比较显著；水平应变随着深度的增加而逐渐减小。

（8）随着摩擦系数的增大水平应变峰值也在增大，在相同的深度处摩擦系数从 0.3 增加到 0.7，水平应变增加了 100%～150%。

3 沥青混合料冲击剪切试验理论分析

第 2 章研究了冲击剪切荷载对沥青路面的影响规律，验证了冲击剪切荷载对沥青路面影响比较大，同时也为进一步研究沥青混合料在冲击剪切荷载作用下的变形规律奠定了基础。本书在对国内外沥青混合料剪切试验方法分析后，最终确定采用简单冲击剪切试验（SPST）研究沥青混合料在冲击剪切荷载作用下的剪切变形特性。简单冲击剪切试验[7]（The Simple Punching Shear Test，简写为 SPST）简称为冲剪试验，是 Lubinda F. Walubita 等研究者开发出来的。研究者发现在车速比较慢的交叉口路段，制动、启动比较频繁的公交车站等位置，这些路段所用的沥青混合料虽然都经过汉堡车辙试验验证合格了，然而通车后仍然会出现车辙、推移等病害。为了解决这一问题，他们开发了冲剪试验方法，作为对现有试验方法的补充。本章首先对冲剪试验方法的可行性从理论上进行了研究，然后结合国内条件对冲剪试验参数进行了分析及确定。

3.1 沥青混合料强度理论分析

沥青路面是由沥青混合料摊铺碾压而成，对于沥青混合料强度理论的研究仍然是基于四个经典的强度理论。

1. 最大拉应力理论

最大拉应力理论也称为第一强度理论，认为引起材料脆断破坏的主要因素是最大拉应力。当材料在单向拉伸时，如果材料内某一点受到的最大拉应力 σ_1（σ_1 为最大主应力）超过了材料的屈服极限 σ_u，材料就会产生脆断破坏。材料的断裂条件为

$$\sigma_1 = \sigma_u \tag{3-1}$$

强度条件为：

$$\sigma_1 \leqslant \frac{\sigma_u}{n} = [\sigma] \tag{3-2}$$

式中　σ_1——材料中的最大主应力，MPa；

　　　σ_u——材料单向拉伸时的屈服极限，MPa；

　　　n——材料拉伸时的安全系数；

　　　$[\sigma]$——单向拉伸时材料的允许应力，MPa。

2. 最大拉应变理论

最大拉应变理论又称为第二强度理论，认为材料在单向拉伸时，如果材料中某一点的最大拉应变 ε_1 超过了材料的屈服极限 ε_u，则材料就会产生脆性断裂破坏。其材料断裂条件为：

$$\varepsilon_1 = \varepsilon_u = \frac{\sigma_u}{E} \tag{3-3}$$

根据胡克定律，强度可写为

$$[\sigma_1 - \nu(\sigma_2 + \sigma_3)] \leqslant [\sigma] \tag{3-4}$$

式中　σ_2——材料中的第二主应力，MPa；

　　　σ_3——材料中的第三主应力，MPa；

　　　E——弹性模量，MPa；

　　　ν——泊松比。

3. 最大剪应力理论

最大剪应力理论即所谓的第三强度理论，又称为 Tresca 屈服准则，它是指无论材料处于什么应力状态，当材料在单向拉伸屈服时，只要材料受到的最大剪应力 τ_{max} 超过了材料的极限剪切强度 τ_u，材料就会产生屈服破坏或塑性变形。其屈服条件可表示为

$$\tau_{\max} = \tau_u \tag{3-5}$$

当为单向拉应力状态时,最大剪应力可表示为

$$\tau_{\max} = \frac{\tau_u}{2} \tag{3-6}$$

当为复杂应力状态时,最大剪应力可表示为

$$\tau_{\max} = \frac{\sigma_1 - \sigma_3}{2} \tag{3-7}$$

其强度条件表示为

$$\sigma_1 - \sigma_3 \leqslant \frac{\sigma_u}{n} = [\sigma] \tag{3-8}$$

式中 σ_u——材料的剪切屈服极限,MPa。

4. 第四强度理论——畸变能理论

畸变能理论即所谓的第四强度理论,该理论又称为 Von Mises 屈服准则。它是指当构件中最大畸变能密度 v_f 达到了单向拉伸屈服时的畸变能密度 v_u,材料就将发生屈服破坏。其屈服条件为

$$v_f = v_u \tag{3-9}$$

当为单向拉伸状态时,其畸变能密度表示为

$$v_u = \frac{1+v}{3E}\sigma_u^2 \tag{3-10}$$

当为复杂应力状态时,其畸变能密度表示为

$$v_f = \frac{1+v}{6E}[(\sigma_1 - \sigma_2)^2 + (\sigma_2 - \sigma_3)^2 + (\sigma_3 - \sigma_1)^2] \tag{3-11}$$

其强度条件表示为

$$\sqrt{\frac{1}{2}[(\sigma_1 - \sigma_2)^2 + (\sigma_2 - \sigma_3)^2 + (\sigma_3 - \sigma_1)^2]} \leqslant \frac{\sigma_u}{n} = [\sigma] \tag{3-12}$$

以上四个理论是在不同假定条件及力学模型的基础上推导出的数学表达式，其只适用于某一类性质的材料。比如，第一、第二强度理论，仅适用于脆性的材料，而对于沥青混合料只有在低温情况才适用；第三强度理论在解释塑性材料的屈服破坏时比较合理，理论计算也与试验结果相吻合，但是结算结果偏于安全，而且未考虑第二主应力对材料屈服的影响，也无法解释当材料受到三向拉应力状态时，材料是如何发生屈服破坏的；第四强度理论在分析塑性力学全量方面比较成熟，并且能够构建形式比较简洁的数学模型。

3.2 冲剪试验可行性分析

冲剪试验是一种比较新的试验方法，其可行性是我们关注的首要问题。因此，本节利用有限元软件，研究沥青路面在荷载作用下的响应；利用有限元软件研究单轴贯入试验与冲剪试验之间的差异，从理论上论证冲剪试验用于分析沥青混合料剪切变形的可行性。

3.2.1 沥青路面应力分布

利用有限元对沥青路面在荷载作用下的应力分布进行分析，研究其实际的受力状况，为研究冲剪试验的可行性打下基础。建立了 $X6\,m\times Y8\,m\times Z6\,m$ 的有限元模型，其中 X 为道路横向方向，与车辆行驶方向垂直；Y 为道路深度方向，与 XZ 平面垂直；Z 为道路纵向方向，与车辆行驶方向一致，如图 3-1 所示，各结构层材料假定为各向同性，结构层厚为面层 18 cm + 基层 50 cm + 土基 732 cm，参数取值如表 2-2 所示。为了模拟实际的受力状况，荷载采用垂直荷载和水平荷载同时作用于路面表面。垂直荷载采用均匀荷载，应力大小为 0.7 MPa，水平荷载参考相关资料[19]取垂直荷载的 0.5 倍，即取 0.5 的静摩擦系数，施加的荷载为静荷载，作用于模型上表面中心位置。边界条件为：除了路表面外，模型的其他各面均为固定约束。图 3-2 为施加荷载后路面结构层上表面受力云图，图 3-3 为沿行车方向荷载边沿处等效应力的切片图，图 3-4 为沿行车方向荷载中心处等效应力的切片图，图 3-5 为荷载中心位置不同深度处沿行车方向各点的等效应力分布图（横轴 0 点为图 3-10 中 $z=0$ 位置），图 3-6 为荷载中心不同深度处的受力图。

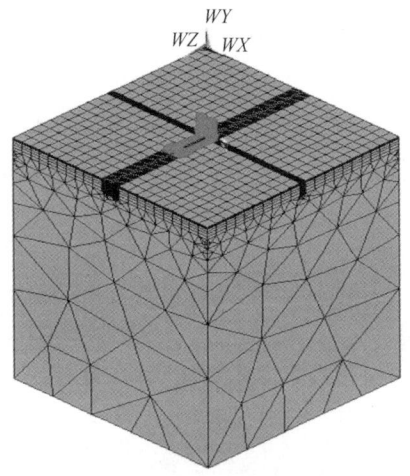

图 3-1 路面结构有限元模型

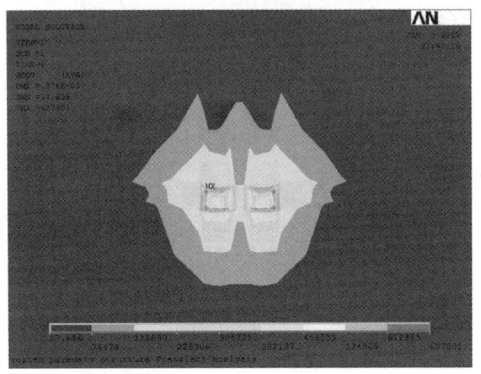

图 3-2 路面结构受力云图

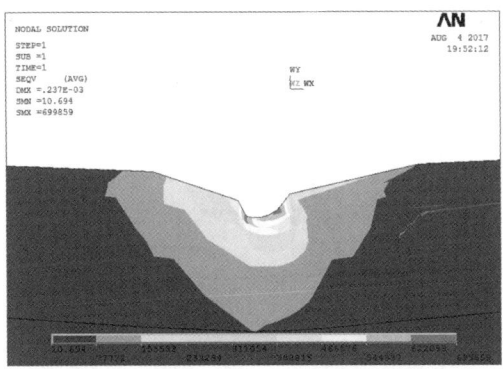

图 3-3 轮载边缘切片图(等效应力)

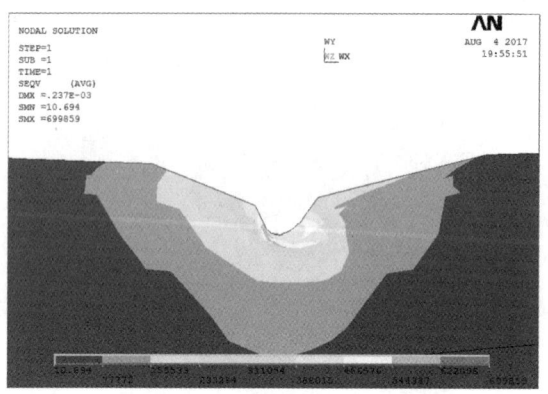

图 3-4 轮载中心切片图

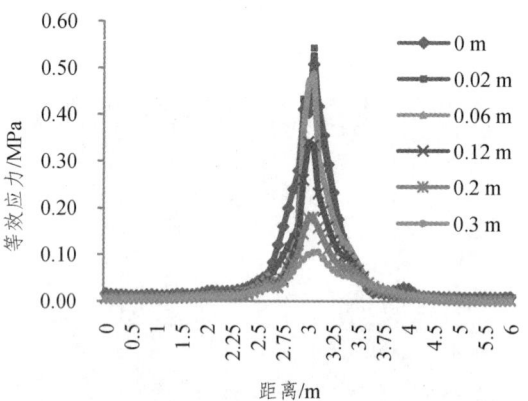

图 3-5 轮载中心沿行车方向 Mises 应力图

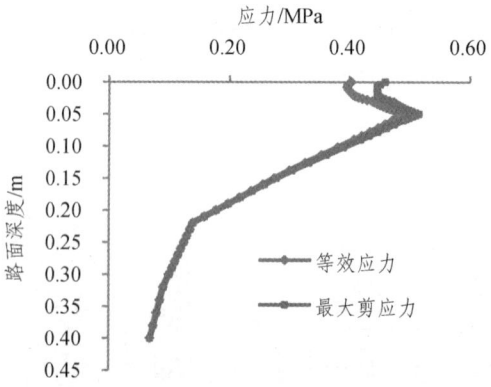

图 3-6 轮载中心应力随深度变化图

从图 3-2 可以看出，最大的等效应力在轮载的边缘位置。从图 3-3 和图 3-4 可以看出，轮迹前边缘存在应力集中，当在急速刹车时会促进沥青混合料剪切变形。从图 3-6 可以看出不管是等效应力还是最大剪应力，都在深度大约为 0.05 m 位置达到最大，这与以前的研究成果一致。

3.2.2 单轴贯入试验应力分布

单轴贯入试验是由孙立军课题组参考土工试验中的 CBR 试验方法开发出来的。其原理是在试件上端中心用一圆柱压头以 1 mm/min 的加载速率加压，直到试件破坏。压头周围的沥青混合料可以提供一定的围压，利用有限元确定抗剪强度系数，抗剪强度系数与破坏强度相乘确定抗剪强度，通过单轴压缩试验确定沥青混合料的 C、ϕ 值。为了方便分析，建立了 1/4 有限元模型，模型尺寸为 ϕ100 mm×100 mm，压头直径为 28.5 mm，如图 3-7 所示。其中径向为 x 轴和 z 轴方向，纵向为 y 轴方向。模型底面施加固定约束，对称面施加对称约束，材料假定为各向同性的沥青混合料，材料参数取值如表 2-2 所示。图 3-8 是径向切片图，从切片图可以看出最大应力位置位于距离试件顶部大约 0.03 m 处；图 3-9 是试件中不同深度位置处沿径向方向的应力分布，沿径向方向应力总体上是逐渐减小，应力最大位置距离试件顶部 0.02～0.03 m。图 3-10 是不同径向位置沿深度方向的应力分布，从图上可以看出应力强度最大值位于压头边缘下方 0.02 m 位置，先增大后减小，这与实际路面受力状况相类似。

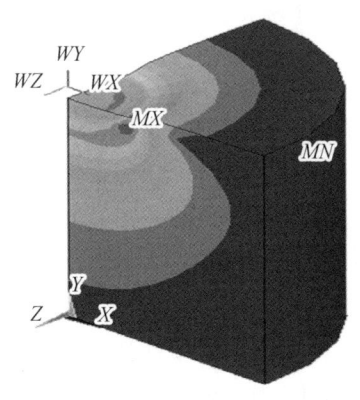

图 3-7　单轴贯入有限元模型

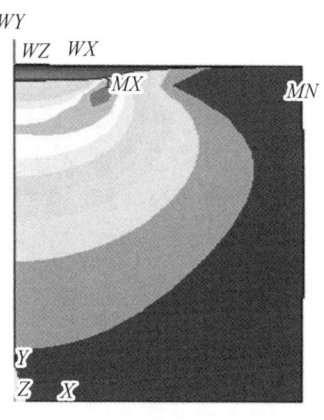

图 3-8　单轴贯入切片图

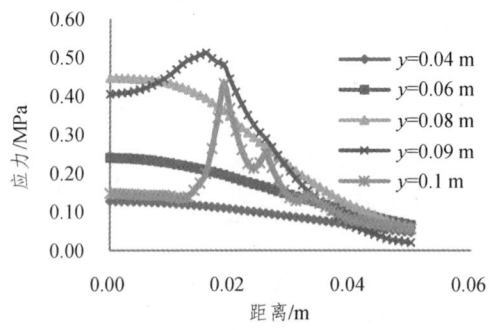

图 3-9 不同深度径向应力分布

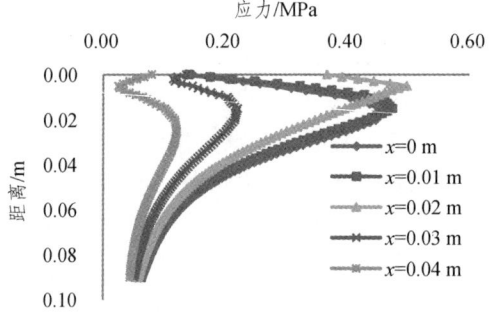

图 3-10 不同径向位置沿深度方向应力分布

3.2.3 冲剪试验应力分布

为了分析冲剪试验的可行性，建立了三维有限元模型，分析试件在荷载作用下的应力分布，并与路面结构和单轴贯入试验进行了对比分析，为冲剪试验参数的确定打下基础。模型尺寸为 ϕ150 mm×100 mm，压头直径为 38.5 mm，中空底座内径为 100 mm。边界条件为：径向方向施加径向约束。底座位置施加垂直约束，对称位置施加对称约束，材料假定为各向同性的沥青混合料，材料参数取值如表 2-2 所示。冲剪试验是在单轴贯入试验的基础上设置了围压和中空的圆环底座。本研究中是采用钢制圆环紧紧套住试件产生围压，使其不会产生侧向变形。

为了分析方便，建立了 1/4 有限元模型，如图 3-11 所示，其中径向为 x 轴和 z 轴方向，轴向为 y 轴方向。图 3-12 是试件顶部的应力分布情况，图 3-13 是试件底部应力分布情况，图 3-14 为径向切片云图。图 3-15 是试件中不同深度处沿径向方向的应力分布图；图 3-16 是不同的径向位置沿高度方向的应力分布图。

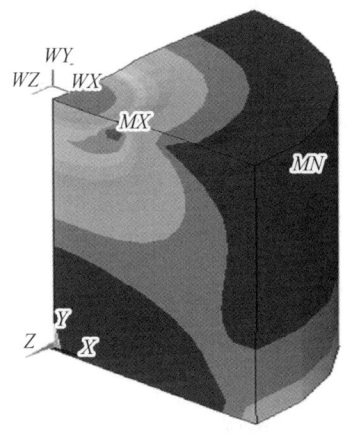
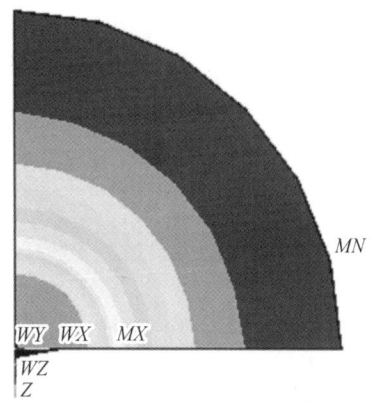

图 3-11　冲剪试验有限元模型　　　　图 3-12　有限元模型顶部应力分布

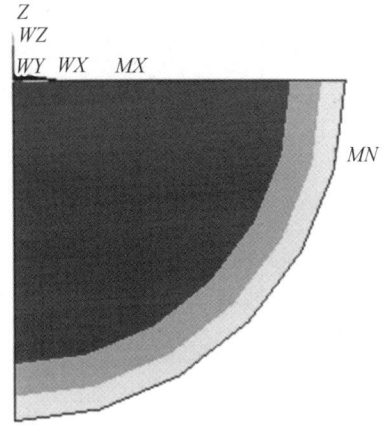
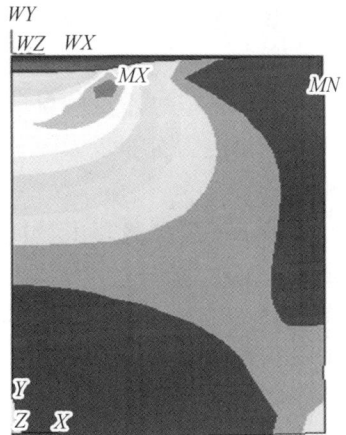

图 3-13　有限元模型底部应力分布　　　图 3-14　径向切片图

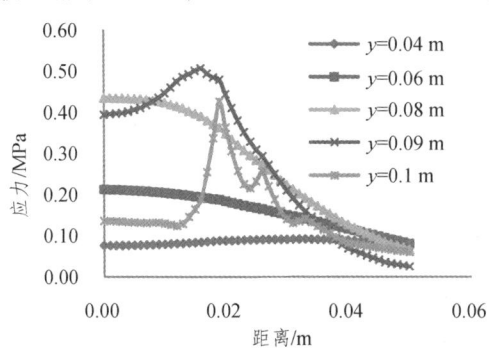

图 3-15　不同深度径向应力分布

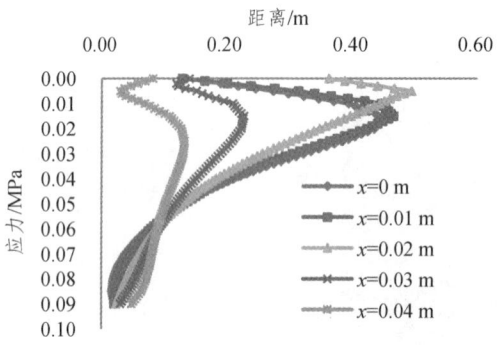

图 3-16 不同径向位置沿深度方向应力分布

由图 3-11 ~ 图 3-16 可以看出，冲剪试验受力情况与单轴贯入试验有很多类似之处：① 冲剪试验和单轴贯入试验有限元模型最大应力位置都不在荷载位置，而是在荷载位置下方 2 ~ 3 cm 位置处；② 从切片图可以看出，两种试验的应力分布也很相似，应力都是对称分布，以压头为中心逐渐减小，但中心点位置应力比较小，这与实际情况很相似；③ 不同深度处径向应力分布以及不同径向位置沿深度方向的应力分布，两者都很相似。

但是，冲剪试验和单轴贯入试验也有不同之处：① 冲剪试验施加了钢围压，而单轴贯入利用压头周围的沥青混合料产生比较小的围压；② 从图 3-11、图 3-13、图 3-14 和图 3-15 可以看出，冲剪试验在荷载作用下产生一条轴向滑动面，可以直观表征剪切破坏；③ 冲剪试验增加了中空的环形底座，可以模拟剪切变形情况。

根据以上分析可知，路面结构在垂直和水平荷载作用下，最大剪应力和有效应力位置在距离荷载大约 0.05 m 深处。从单轴贯入试验受力分析可以看出，其与实际受力有很多相似之处，在分析较小应力作用下是可行的，但是由于沥青混合料可以提供的围压有限，无法模拟沥青混合料在荷载作用下的破坏状态。冲剪试验设置了钢围压，径向有一定的变形空间，沥青混凝土在侧向变形中能够根据加载的大小提供随荷载变化的被动围压，这与实际路面受力状况是一致的。冲剪试验提供了中空的环形底座，在荷载作用下产生轴向的滑动面，这与沥青路面在水平荷载作用下的剪切破坏相似，由图 3-14 可以看出图中试件的受力情况与路面结构在汽车紧急制动状态相一致，并且与直剪试验相似。综上所述，冲剪试验是模拟沥青混合料冲击剪切变形比较好的一种试验方法。

3.3 冲剪试验参数分析

本节通过有限元分析试件直径、试件的高度、圆环内径、压头直径等因素对试件内部应力分布的影响,为试验参数的确定提供理论基础。分析时采用圆柱体试件,试件直径为 100 mm 和 150 mm 两个尺寸,考虑到试验的方便性及普适性,试件高度均采用 100 mm。根据前文的分析,剪应力峰值在中面层位置,而中面层沥青混合料公称最大粒径通常为 19 mm,因此压头直径采用 19 mm 的 1.5 倍、2 倍、2.5 倍和 3 倍,即 28.5 mm、38 mm、47.5 mm 和 57 mm 四个尺寸。底座内环直径不应小于压头的直径,因此选取了 60 mm、80 mm、100 mm、120 mm 四个尺寸的内径,压头施加的应力为 1 MPa。模型边界条件、参数选取等内容与前文一致。

3.3.1 压头直径影响分析

1. 试件尺寸为 $D \times H = 100\ mm \times 100\ mm$

为了分析压头尺寸对应力的影响,进行有限元分析时底座圆环内径取为 80 mm,压头直径分别采用 28.5 mm、38 mm 和 47.5 mm 三个尺寸。

(1)压头直径为 28.5 mm 时,三维有限元分析如图 3-17~图 3-18 所示。

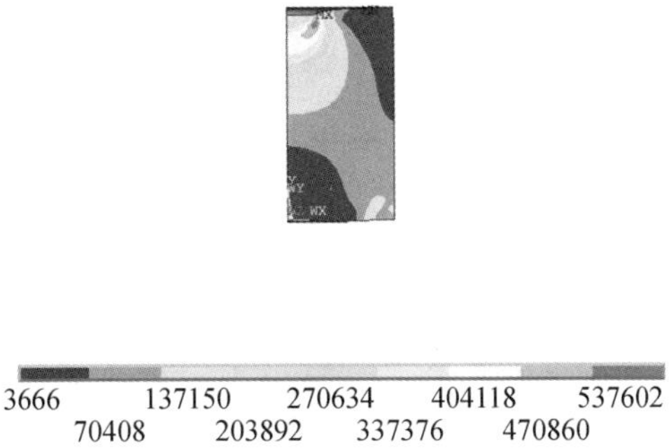

3666　　137150　　270634　　404118　　537602
　　70408　　203892　　337376　　470860

图 3-17　有限元分析 Mises 云图

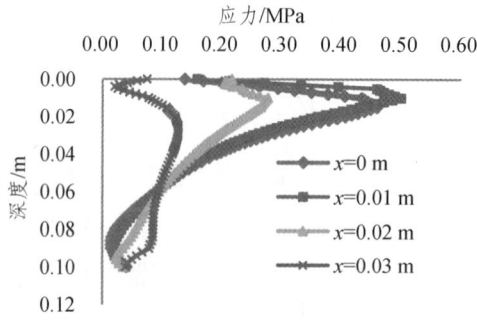

图 3-18　不同径向位置沿深度方向应力分布

（2）压头直径为 38 mm 时，三维有限元分析如图 3-19～图 3-20 所示。

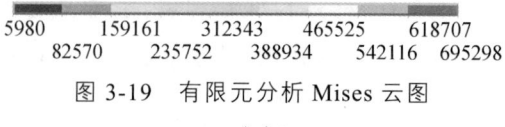

图 3-19　有限元分析 Mises 云图

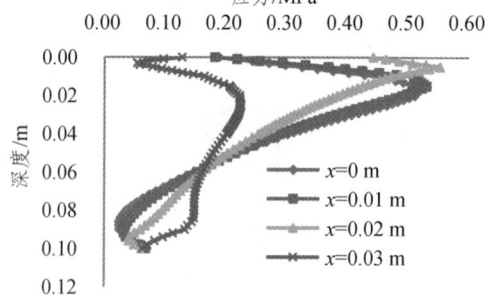

图 3-20　不同径向位置沿深度方向应力分布

（3）压头直径为 47.5 mm 时，三维有限元分析如图 3-21～图 3-22 所示。

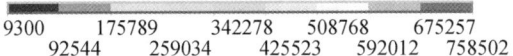

图 3-21　有限元分析 Mises 云图

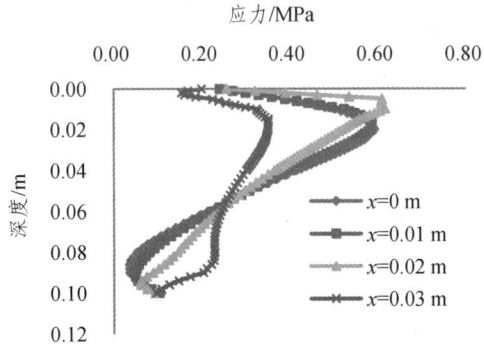

图 3-22　不同径向位置沿深度方向应力分布

从云图可以得出，圆环底座位置应力、试件内部应力都随着压头直径的增大而增大，并且试件径向边缘存在比较大的应力；从应力轨迹线可以得出，应力峰值随着压头直径的增大而增大，压头直径由 28.5 mm 增大到 47.5 mm，应力增大了 24.5%。

2．试件尺寸为 $D \times H = 150 \text{ mm} \times 100 \text{ mm}$

为了分析压头尺寸对应力的影响，进行有限元分析时底座圆环内径为 100 mm，压头直径分别为 28.5 mm、38 mm、47.5 mm 和 57 mm 四个尺寸。

（1）压头直径为 28.5 mm 时，三维有限元分析如图 3-23～图 3-24 所示。

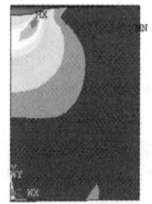

1525　　121721　　241916　　362112　　482307
　　61623　　181819　　302014　　422209　　542405

图 3-23　有限元分析 Mises 云图

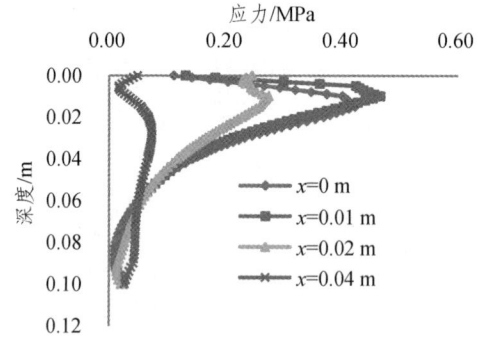

图 3-24　不同径向位置沿深度方向应力分布

（2）压头直径为 38 mm 时，三维有限元分析如图 3-25～图 3-26 所示。

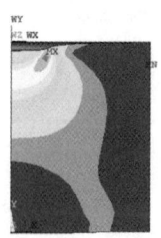

3320　　141279　　279238　　417197　　555156
　　72300　　210259　　348218　　486177　　624136

图 3-25　有限元分析 Mises 云图

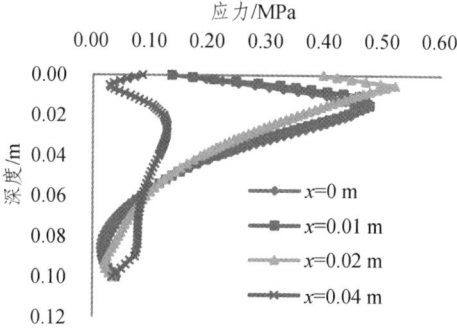

图 3-26 不同径向位置沿深度方向应力分布

（3）压头直径为 47.5 mm 时，三维有限元分析如图 3-27～图 3-28 所示。

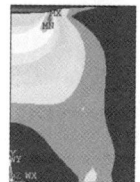

图 3-27 有限元分析 Mises 云图

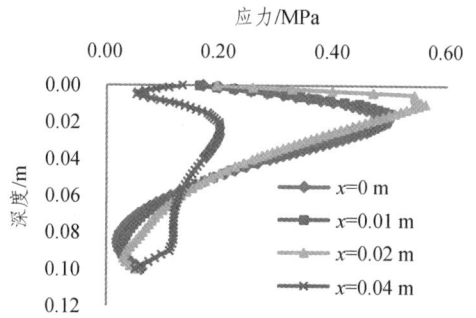

图 3-28 不同径向位置沿深度方向应力分布

（4）压头直径为 57 mm 时，三维有限元分析如图 3-29～图 3-30 所示。

图 3-29 有限元分析 Mises 云图

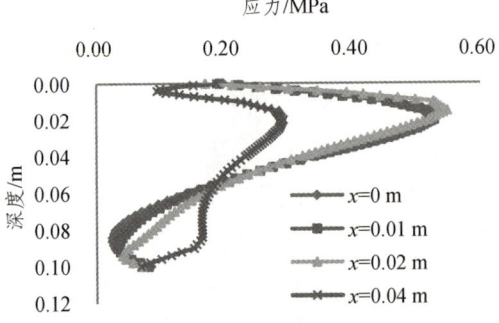

图 3-30 不同径向位置沿深度方向应力分布

由以上云图可以得出,直径为 150 mm 的试件应力峰值位于压头边缘下方支座位置应力随着压头的增大而增大。当压头直径为 38 mm 时,试件内部存在 0.07 MPa 的应力带。从应力轨迹线可以得出,压头直径由 28.5 mm 增加到 57 mm,径向位置 x 为 0.02 m 处最大应力由 0.45 MPa 增大到了 0.55 MPa。压头直径由 47.5 mm 增大到 57 mm 应力峰值变化不大,但是侧向应力变化比较大,因此压头直径控制在 47.5 mm 以内比较合适。

3.3.2 圆环底座内径影响分析

为了分析圆环内径尺寸对应力的影响,进行有限元分析时压头直径选取 38 mm,圆环底座内径选取 60 mm、80 mm、100 mm 和 120 mm 四个尺寸,采用圆形试件,试件尺寸为 ϕ100 mm×100 mm 和 ϕ150 mm×100 mm 两个尺寸。

1. 试件尺寸为 $D \times H = 100 \text{ mm} \times 100 \text{ mm}$

由于试件直径比较小,所以分析时圆环底座内径选取 60 mm 和 80 mm 两个尺寸。

(1) 圆环底座内径为 60 mm 时,三维有限元分析如图 3-31 ~ 图 3-32 所示。

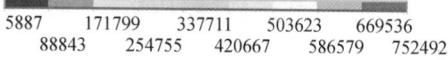

图 3-31 有限元分析 Mises 云图

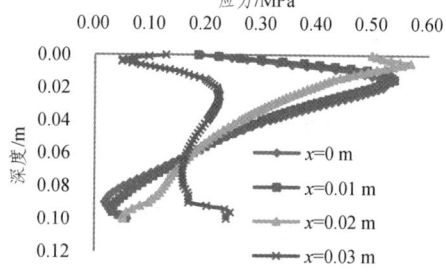

图 3-32 不同径向位置沿深度方向应力分布

(2) 圆环底座内径为 80 mm 时,三维有限元分析如图 3-33 ~ 图 3-34 所示。

图 3-33 有限元分析 Mises 云图

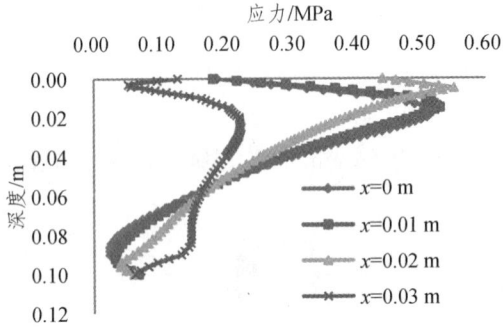

图 3-34　不同径向位置沿深度方向应力分布

由以上应力云图可以得出,直径为 100 mm 的试件,侧向应力比较大;由应力轨迹线可以得出,圆环底座内径由 60 mm 增大到 80 mm 应力峰值变化不大。

2. 试件尺寸为 $D \times H = 150\ mm \times 100\ mm$

分析时圆环底座内径选取了 60 mm、80 mm、100 mm 及 120 mm 四个尺寸。

(1) 圆环底座内径为 60 mm 时,三维有限元分析如图 3-35 ~ 图 3-36 所示。

(2) 圆环底座内径为 80 mm 时,三维有限元分析如图 3-37 ~ 图 3-38 所示。

| 5758 | | 168360 | | 330961 | | 493563 | | 656164 |
| | 87059 | | 249660 | | 412262 | | 574863 | | 737465 |

图 3-35　有限元分析 Mises 云图

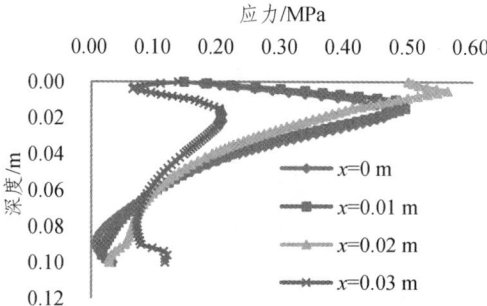

图 3-36 不同径向位置沿深度方向应力分布

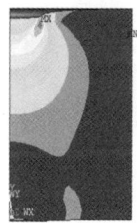

4651　154453　304256　454058　603861
　79552　229355　379157　528959　678762

图 3-37 有限元分析 Mises 云图

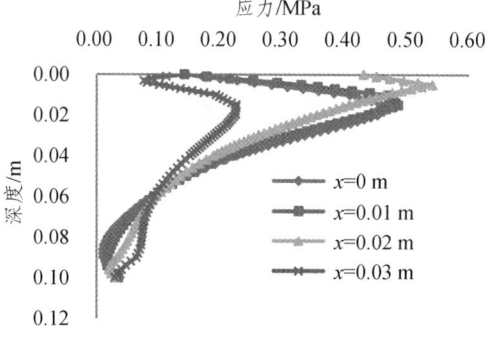

图 3-38 不同径向位置沿深度方向应力分布

（3）圆环底座内径为 100 mm 时，三维有限元分析如图 3-39~图 3-40 所示。

3320　　141279　　279238　　417197　　555156
　　72300　　210259　　348218　　486177　　624136

图 3-39　有限元分析 Mises 云图

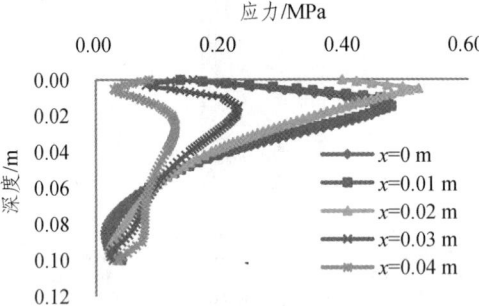

图 3-40　不同径向位置沿深度方向应力分布

（4）圆环底座内径为 120 mm 时，三维有限元分析如图 3-41~图 3-42 所示。

2147　　129436　　256725　　384014　　511304
　　65791　　193081　　320370　　447659　　574948

图 3-41　有限元分析 Mises 云图

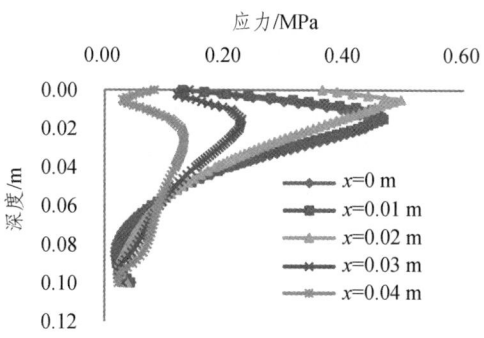

图 3-42　不同径向位置沿深度方向应力分布

由应力云图可以得出，随着圆环内径的增大，试件底座位置所受应力逐渐增大；当内径增大到 100 mm 时，在试件内部产生了 0.07 MPa 的应力带。当圆环内径为 120 mm 时，存在比较大的侧向力，因此圆环内径不大于 100 mm 为宜。由应力轨迹线可以得出，随着圆环内径的增大，试件内应力峰值逐渐减小。

3.3.3　内径与压头之间关系分析

通过压头直径和底座内径对试件内部应力影响的分析，现将压头直径和底座内径对试件内部剪应力峰值的影响做进一步归纳总结，如图 3-43～图 3-44 所示。

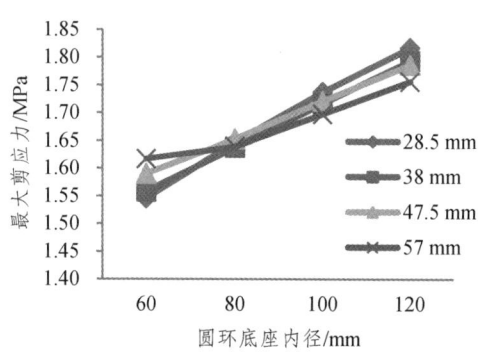

图 3-43　底座内径与剪应力峰值关系

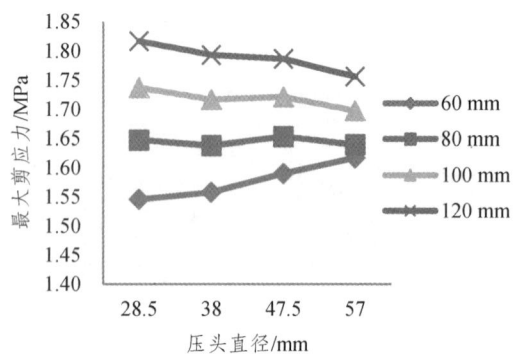

图 3-44　压头直径与剪应力峰值关系

由图 3-43 得知，随着底座内径的增加，剪应力峰值总体趋势也在增大。当压头直径为 38 mm 和 47.5 mm 时，圆环底座内径由 80 mm 增加到 120 mm，两者的剪应力峰值变化趋势相似，应力值也很接近。而当压头直径为 57 mm 时，随着圆环内径的增大，剪应力峰值初期增速比较缓慢，后期增速比较快，说明压头直径为 57 mm 时，圆环底座内径对应力影响比较大，因此考虑到试件尺寸以及现实条件压头直径应小于等于 47.5 mm 比较合理。由图 3-55 可以看出，当底座内径大于 60mm 时，剪应力峰值随着压头直径的增大而减小，但当底座内径为 60 mm 时，最大剪应力随着压头直径的增大而增大，分析其原因是随着压头直径的增大压头直径与底座内径越来越接近，这时两者会相互影响。从图上可以看出，当底座内径为 80 mm 和 100 mm 时，压头直径从 38 mm 增大到 47.5 mm 时剪应力峰值变化不大，因此圆环底座内径设定为 80～100 mm 比较合理。

根据以上的研究及总结，压头直径设定为 38～47.5 mm，底座内径设定为 80～100 mm 比较合理。

3.4　本章小结

为了从理论上对冲剪试验进行研究，通过有限元对沥青路面、单轴贯入试验以及冲剪试验受力状况进行了对比分析，并从理论上对相关参数提出合理建议。

（1）通过有限元对三轴试验、单轴贯入试验及冲击剪切试验进行对比分析，研究了冲剪试验用于评价沥青混合料剪切变形特性分析的可行性。

（2）通过有限元分析了冲剪试验压头、底座内径对沥青混合料剪切性能的影响，并针对冲剪试验提出了适宜的参数范围。

（3）通过有限元分析可以得出，压头直径范围为 38~47.5 mm，底座内径范围为 80~100 mm 比较合理。

4 沥青混合料室内冲剪试验分析

第 3 章利用有限元对冲剪试验方法进行了理论上的分析，并对冲剪试验相关的参数提出了建议。本章通过室内试验从压头直径、围压、加载速率、试验温度等试验参数着手研究各参数对冲击剪切变形的影响，通过室内试验研究了各参数的合理取值，并针对沥青混合料试件在冲击剪切荷载作用下的变形规律进行了分析。

4.1 原材料及性能检测

1．胶结料

胶结料对混合料的性能影响很大，本试验研究所采用的胶结料为韩国品牌 SK 的 SBS 改性沥青。相关的技术指标如表 4-1 所示。各项技术指标均能满足《公路沥青路面施工技术规范》（JTG F40—2004）中规定的要求。

表 4-1　SBS（I-C）改性沥青技术指标

检测项目	试验结果	技术指标	试验方法
针入度（25 ℃，5 s，100 g）/0.1 mm	77	60～80	T0604
针入度指数	0.2	≥ -0.4	T0604
软化点/℃	66.1	≥55	T0606

续表

检测项目	试验结果	技术指标	试验方法
延度（5 ℃，5 cm/min）/cm	47.9	≥30	T0605
弹性恢复 25 ℃/%	82	≥65	T0662
运动黏度 135 ℃/Pa·s	1.64	≤3	T0625
储存稳定性离析/℃	1.1	≤2.5	T0661
闪点/℃	320	≥230	T0611
溶解度/%	99.6	≥99	T0607
TFOT 后残留物			
质量变化/%	-0.36	≤±1	T0610
针入度比 25 ℃/%	73.3	≥60	T0604
延度 5 ℃/cm	22.0	≥20	T0605

2．粗集料

本研究采用的粗集料为甘肃地区某高速公路现场使用的石灰岩碎石。碎石表面洁净、干燥、无其他杂质。根据《公路工程集料试验规程》（JTG E42—2005）及其相关条款的要求对粗集料磨耗损失、压碎值、毛体积相对密度等相关指标进行了检测，检测结果如表 4-2 所示。

表 4-2 粗集料技术指标

检测项目	粒径/mm				技术指标	试验方法
	5～10	10～15	10～25	25～30		
表观相对密度	2.734	2.741	2.744	2.748	≥2.50	T0304
压碎值/%	—	14.9	—	—	≤28	T0316
洛杉矶磨耗值/%	14.8				≤30	T0304
坚固性/%	6.9		6.1		≤12	T0314
对沥青黏附性（级）	—		5		≥4	T0616
吸水率/%	1.03	1.22	0.78	0.75	≤3	T0304
针片状/%	8.9	7.1	3.9	3.1	≤15	T0312

由表 4-2 可以看出，粗集料检测结果均满足了《公路工程集料试验规程》（JTG E42—2005）中相关条款要求。

3．细集料

本研究中所使用的细集料为机制砂，取自于甘肃省某高速公路施工现场，岩性为石灰岩。细集料技术性质见表 4-3 所示。

表 4-3　细集料技术指标

项　目	试验结果	技术要求	试验方法
表观相对密度	2.615	≥2.5	T0328
坚固性/%	18	≥12	T0340
砂当量/%	77.5	≥60	T0334
棱角性（流动时间）/s	39.2	≥30	T0345

4．矿粉

矿粉对混合料会产生"加劲"效应，由于矿粉的比表面积较大，容易产生结构沥青，降低了沥青的流动性，黏度增加。矿粉也对混合料的稳定性及抗车辙性能有较大影响。试验选用的矿粉为经过现场人工挑选出的石灰岩磨细而成，依据《公路工程集料试验规程》（JTG E42—2005），其性能检测结果如表 4-4 所示。

表 4-4　矿粉技术指标

检测项目	检测值	指标要求	执行标准
表观密度/（t/m^3）	2.71	≥2.50	T0352
含水量/%	0.3	≤1	T0103
外观	无团粒结块	无团粒结块	—
加热安定性	合格	实测记录	T0355
塑性指数/%	3.8	<4	T0354
亲水系数	0.49	<1	T0353
0.60 mm 筛孔通过量/%	100	100	T0351
0.15 mm 筛孔通过量/%	92	90~100	T0351
0.075 mm 筛孔通过量/%	83	75~100	T0351

由表 4-4 可知，试验所用矿粉的技术性能均能够满足规范的要求，可以用于本试验研究。

5．级配

试验所采用的级配如表 4-5 所示。其中 Sup-13、Sup-20 与 Sup-25 沥青混合料所采用的油石比分别为 5.1%、4.5% 和 4.0%，通过室内验证混合料的路用性能均能满足规范要求。

表 4-5　不同混合料级配

级配类型	通过百分率/%										
	31.5	26.5	19	16	13.2	9.5	4.75	2.36	1.18	0.6	0.3	0.15	0.075
Sup-13	100	100	100	100	91	59.5	36	28.6	21.3	16.5	12.7	9.7	7.5
Sup-20	100	100	92.9	85.7	74.3	64.1	42.5	29	18	13	8.5	6.3	4
Sup-25	100	98.4	75.8	63.5	53.5	39.3	27.2	19.3	15.3	12.0	8.1	5.9	4.4

4.2　沥青混合料室内冲剪试验

4.2.1　试验方案设计

沥青混合料冲剪试验上文已经进行了说明，它是一种比较新的试验方法，可借鉴的资料不多，因此需要通过室内试验从最基础的方面着手研究，包括压头大小、试件尺寸、加载速率以及试验温度等参数的确定。具体情况如下：

1．试件尺寸拟定

目前常用的沥青混合料试件成型方法主要有旋转压实（SGC）成型、马歇尔击实成型及对成型的车辙板取芯或切割等。美国沥青混合料大多采用 Superpave 设计方法，因此试件成型采用 SGC 成型，SGC 成型方法更接近于现场路面的压实情况，并且减少了压实过程中集料的破碎，压实后集料排列状况更接近于现场实际路面的情况。经过综合考虑，最终确定采用 SGC 成型，试件尺寸为 ϕ150 mm×100 mm。

2. 试验温度拟定

沥青路面的力学性能与温度有关，我国北方路面温度夏天大约为 40 ℃ 左右，而在南方大约为 60 ℃ 左右。温度越高抗剪强度越低。为了研究沥青混合料在不同加载速率下的剪切性能，确定试验时的温度分别为：40 ℃、50 ℃ 和 60 ℃。

3. 压头尺寸

压头尺寸对试验结果影响也比较大。正常情况下，压头尺寸越大试验误差越小，但是考虑到试验条件，压头尺寸受到试件尺寸的限制，不能太大。相反，压头尺寸也不能太小，太小受力不均匀，试验结果的离散性比较大。根据第 3 章的研究结果，压头直径为 38～47.5 mm 时比较合理，为了验证理论分析的准确性，最终选取压头直径为 38 mm、47.5 mm 与 57 mm 三个尺寸进行试验。最佳的压头尺寸需根据试验结果最后确定。

4. 加载速率

上坡路段的车速比较慢，下坡路段的车速比较快，上坡路段容易出现车辙问题，下坡路段坡底由于刹车的作用经常会出现推移、拥包等问题，结合现场的荷载情况，试验时拟定的加载速率分别为 2 mm/min、6 mm/min 及 10 mm/min。最佳的加载速率需根据试验结果最终确定。

4.2.2 试验设备确定

本试验的加载是在 UTM-100 液压伺服试验机上进行。UTM-100 液压伺服试验机，包括加载设备、环境箱、数据采集系统等，性能稳定，功能比较全面，整个试验过程由计算机进行自动控制，加载模式可以选用应力控制及位移控制两种，而且还可以编写程序以适应不同研究者的需求，设备最大加载力为 100 kN，如图 4-1 和图 4-2 所示。

在控制程序中可以设定的参数主要有：加载时间、应力峰值、间歇时间、试验波形（半正矢波、方形波等）、加载速率、数据采集内容及采集密度等。

图 4-1 冲剪试验设备　　　　　图 4-2 冲剪试验

4.3 冲剪试验准备

4.3.1 试验控制过程

（1）温度控制。

试验温度的控制直接影响着试验结果的准确性。试验之前，首先将试件置于控温箱内保温 4 h 以上，同时打开 UTM-100 配备的控温环境箱，并将其设定为试验温度。

（2）启动设备。

打开设备控制器、电脑，启动动力系统和冷却系统，将设备预热 15 min，启动控制程序。

（3）安装试件。

首先安装压头，将设备传力杆提升到合适高度。将底座放置于下承板上，将试件安放在 UTM-100 试验机压头的正下方，安装套筒，调整试件的位置，使试件中心与压头的中线对其，防止偏心受压。然后设置试验参数，准备试验。

（4）冲击剪切试验。

试验前，首先对试件形状、加载速率、终止条件等试验参数进行设定。本课题所采用的加载速率分别为 2 mm/min、6 mm/min 及 10 mm/min，加载速率间隔为 4 mm/min。采用位移控制加载方式，竖向位移由安装于轴向传力杆上的位移传感器测量，轴向压力由轴向压力传感器实时测定。

4.3.2 压头及夹具制作

根据设计方案,加工加载头以及夹具。由于 UTM-100 试验机架子提升高度有限,因此压头的高度设定为 30 mm。由第三章的分析得出,压头直径在 38～47.5 mm 比较合适,由于我国常用沥青混合料公称最大粒径范围为 13.2～26.5 mm,为了证明理论分析的准确性,室内试验压头直径采用 38 mm、47.5 mm 及 57 mm 三个尺寸,如图 4-5 所示。

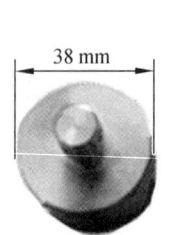 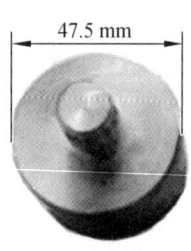 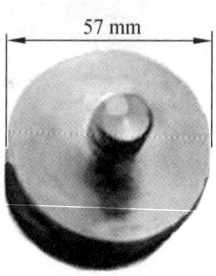

图 4-5 压头及尺寸

圆环底座高度设定为 100 mm,为了使套筒安放稳定,在底座周围打磨一尺寸为 5 mm×5 mm 的槽。根据第 3 章的理论分析,底座内径为 80～100 mm 比较合适,考虑到粒径大小以及现场汽车荷载的情况,底座内径取为 100 mm,如图 4-6 所示。套筒安放于底座上方,套筒壁厚为 5 mm,套筒内径为 150 mm,套筒高为 105 mm,即为试件高度与底座上刻槽高度之和。为了试件安放方便,套筒是活动的,两边由螺母固定,如图 4-7 所示。

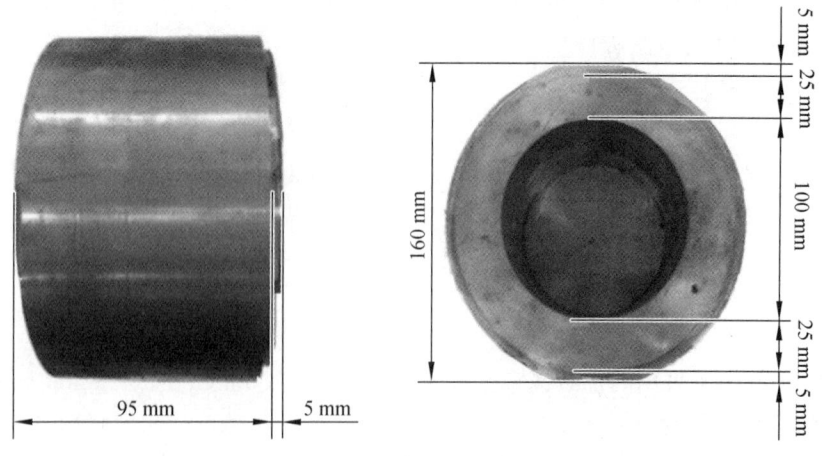

图 4-6 底座尺寸示意图

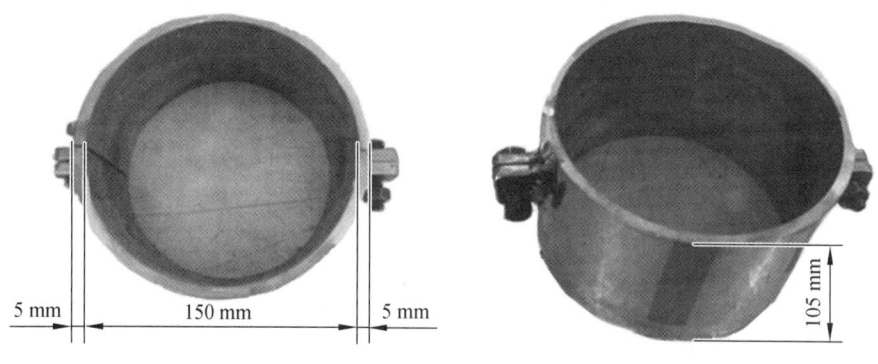

图 4-7 套筒尺寸示意图

4.3.3 试件成型

在最佳油石比下采用旋转压实成型试件,如图 4-3 和图 4-4 所示。

图 4-3 旋转压实成型设备

图 4-4 旋转压实成型后部分试件

4.4 单调剪切试验分析

4.4.1 试样约束影响分析

在室内试验中对沥青混合料试件施加围压能够较好地模拟沥青路面在汽车荷载作用下的受力状况,并且能够避免试件在荷载作用下过早地被破坏。通过增加环形钢套筒对试件施加约束,随着压力的增加侧向压力也会相应增加,这与现场情况相一致。试验中发现,没有围压和有围压情况差别很大,试样没有施加约束和施加约束两种情况,如图 4-8~图 4-11 所示。

不同温度下，没有设定围压和设定围压的试验结果如图 4-12～图 4-13 所示。从图中可以看出，有围压的情况轴向压力峰值比没有围压情况大很多。40 ℃和 60 ℃条件下有围压情况下轴向压力峰值比没有围压情况分别提高了 32.13%、227.82%，温度越高有围压情况比没有围压情况提高越大，在高温条件下没有围压情况下轴向压力峰值比较小，变异性也比较大。

图 4-8 没有围压试验示意图

图 4-9 冲剪试验试件（正面图）　　图 4-10 冲剪试验试件（反面图）

图 4-11 试件剖开图

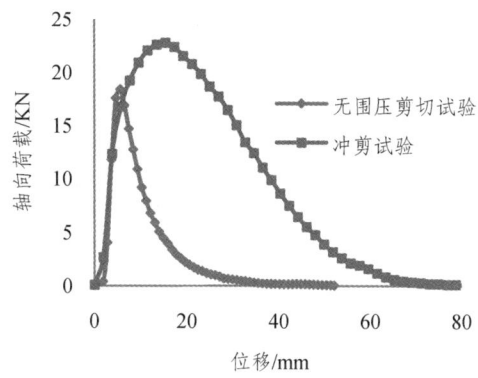

图 4-12　轴向压力与位移关系图（40 ℃）

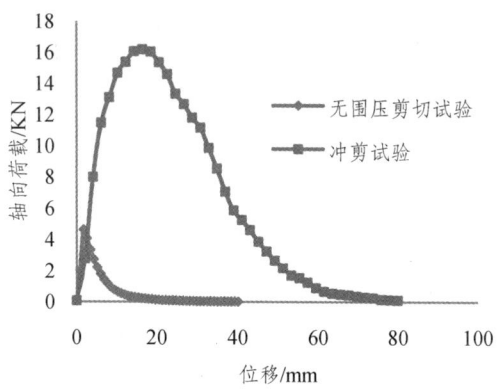

图 4-13　轴向压力与位移关系图（60 ℃）

4.4.2　压头尺寸影响分析

1. 压头尺寸影响分析

上文已经分析，试验时压头直径选取 38 mm、47.5 mm 和 57 mm 三种规格，加载速率分别为 2 mm/min、6 mm/min 及 10 mm/min。本试验通过对沥青混合料进行分析，研究压头直径与试验结果之间的关系，并最终确定合适的压头直径。由于篇幅的原因本节仅列出了 Sup-20 的试验结果，在不同温度下 Sup-20 沥青混合料轴向压力与位移之间关系如图 4-14 ~ 图 4-16 所示。

从图 4-14 ~ 图 4-16 可以看出，同样加载速率下，随着压头尺寸的增大轴向压力峰值也在同步增加。当压头尺寸为 57 mm 时，由于颗粒间相互挤压，无法顺利测定轴向压力峰值。

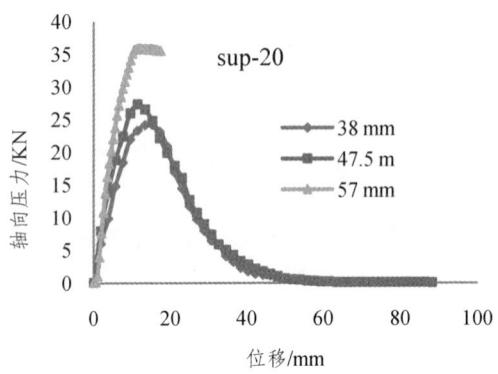

（a）加载速率为 2 mm/min

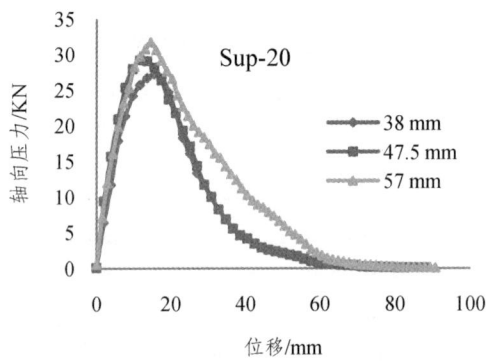

（b）加载速率为 6 mm/min

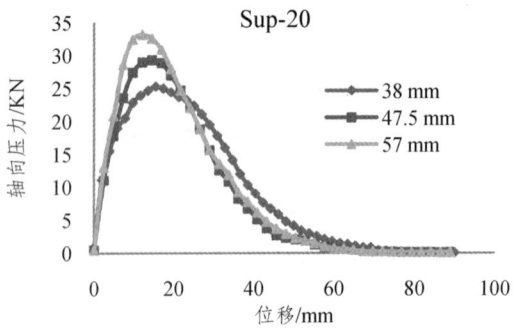

（c）加载速率为 10 mm/min

图 4-14　轴向压力与位移关系示意图（40 ℃）

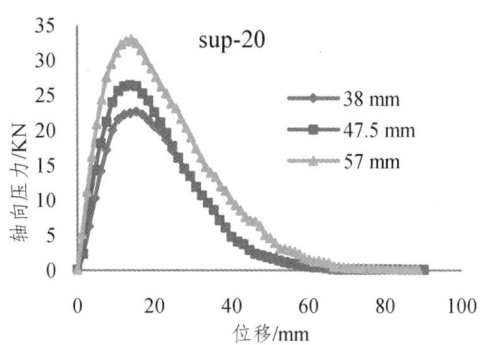

（a）加载速率为 2 mm/min

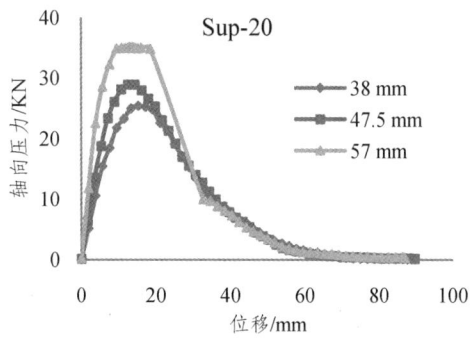

（b）加载速率为 6 mm/min

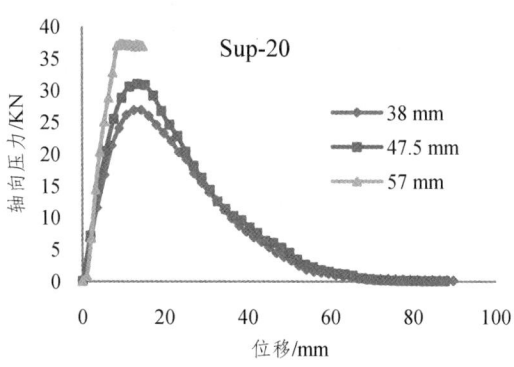

（c）加载速率为 10 mm/min

图 4-15　轴向压力与位移关系示意图（50 ℃）

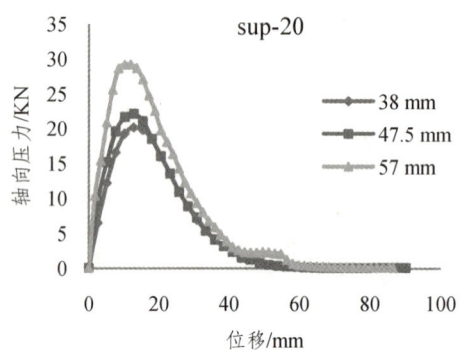

（a）加载速率为 2 mm/min

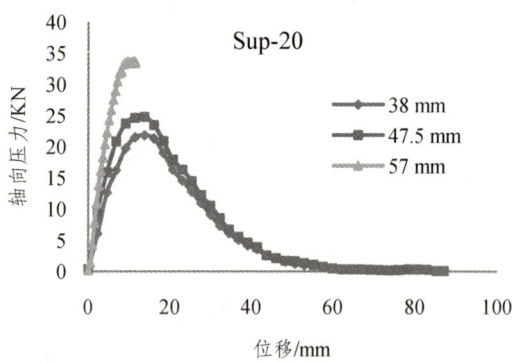

（b）加载速率为 6 mm/min

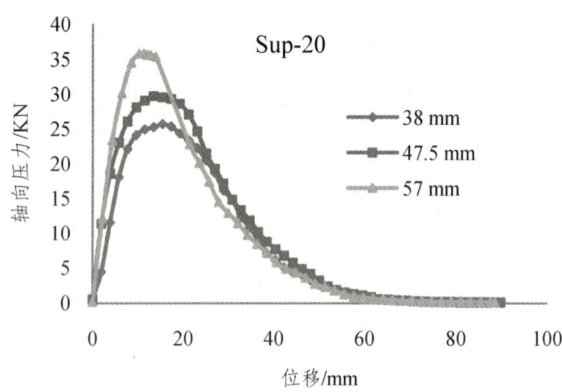

（c）加载速率为 10 mm/min

图 4-16　轴向压力与位移关系示意图（60 ℃）2. 压头尺寸对

冲剪试验结果变异性分析

为了研究压头直径对冲击剪切性能的影响，试验时采用的试件尺寸为ϕ150 mm×100 mm，压头直径分别为 38 mm、47.5 mm 及 57 mm，剪切速率为 10 mm/min，试验温度为 60 °C。通过分析实验结果的变异性，研究压头直径对轴向压力峰值的影响规律，最终确定压头直径参数，试验结果如表 4-6 ~ 表 4-8 所示。

表 4-6 Sup-13 沥青混合料冲剪试验

压头直径/mm	轴向压力峰值/kN	平均值/kN	均方差/kN	变异系数/%
38	14.47	15.4	0.92	5.96
	16.65			
	15.08			
47.5	15.69	16.78	0.89	5.3
	16.77			
	17.87			
57	20.66	18.62	1.5	8.07
	17.08			
	18.12			

从表 4-6 可以看出，压头直径由 38 mm 增加到 47.5 mm 时，Sup-13 沥青混合料压力峰值变异系数变化不是太大。但是，当压头直径增大到 57mm 时变异系数开始增大，说明压头直径存在一个临界范围。

表 4-7 Sup-20 沥青混合料冲剪试验

压头直径/mm	轴向压力峰值/kN	平均值/kN	均方差/kN	变异系数/%
38	23.71	23	1.8	7.79
	20.58			
	24.82			
47.5	27.38	29.03	1.57	5.42
	31.15			
	28.56			
57	29.32	34.19	3.77	11.03
	38.51			
	34.74			

从表 4-7 可以看出，随着压头直径的增大，Sup-20 沥青混合料压力峰值变异系数先减小后增大。压头直径增大到 57 mm 时，变异系数达到了 10% 以上，压头直径为 57 mm 时轴向压力峰值离散性比较大。

表 4-8　Sup-25 沥青混合料不同压头直径冲剪试验

压头直径/mm	轴向压力峰值/kN	平均值/kN	均方差/kN	变异系数/%
38	17.52	17.57	1.44	8.2
	19.36			
	15.83			
47.5	19.73	18.27	1.28	6.99
	18.48			
	16.62			
57	—	—	—	—

从表 4-8 可以看出，压头直径由 38 mm 增加到 47.5 mm 时，Sup-25 沥青混合料压力峰值变异系数由 8.2% 减小到 6.99%，说明随着压头直径的增加，离散性在减小；但是当压头直径增大到 57 mm 时，试验无法正常进行，说明压头直径有一个最佳范围。

沥青混合料轴向压力峰值与压头直径之间的关系，如图 4-17 所示。

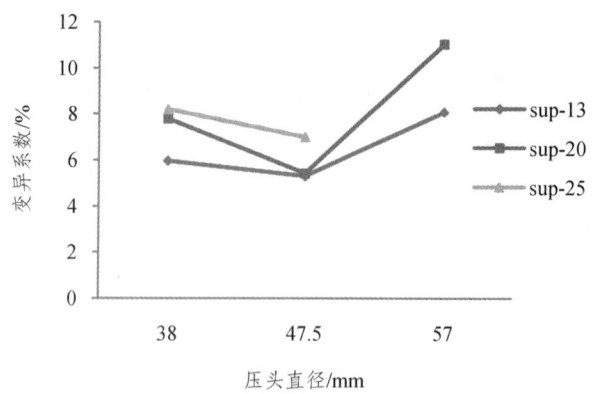

图 4-17　不同压头直径试验变异性示意图

从图 4-17 可以看出，压头直径从 47.5 mm 增大到 57 mm 时，试验结果的变异性逐渐增加，并且 Sup-25 沥青混合料存在试验无法进行的情况；压头直径由 38 mm 变化到 47.5 mm 时，Sup-20 和 Sup-25 沥青混合料试验结果的变异性在逐渐减小，Sup-13 沥青混合料变化不是太大。

由以上分析可以得出，公称最大粒径小于等于 13.2 mm 的混合料，压头直径可以采用 38 mm，公称最大粒径大于 13.2 mm 的沥青混合料，压头直径采用 47.5 mm 比较合适。

4.4.3 试验温度影响规律

沥青混合料随着温度的升高，其抗剪强度逐渐降低；相反，随着温度的下降，其抗剪强度逐渐升高。因此，沥青混合料高温时的抗剪性能是沥青混合料研究工作者关注的焦点之一。结合各地气候特征和路面温度情况，在进行沥青混合料冲剪试验时温度初步定为：40 °C、50 °C、60 °C。Sup-20 沥青混合料在不同的压头直径、加载速率和试验温度作用下试验结果见图 4-18～图 4-20 所示。

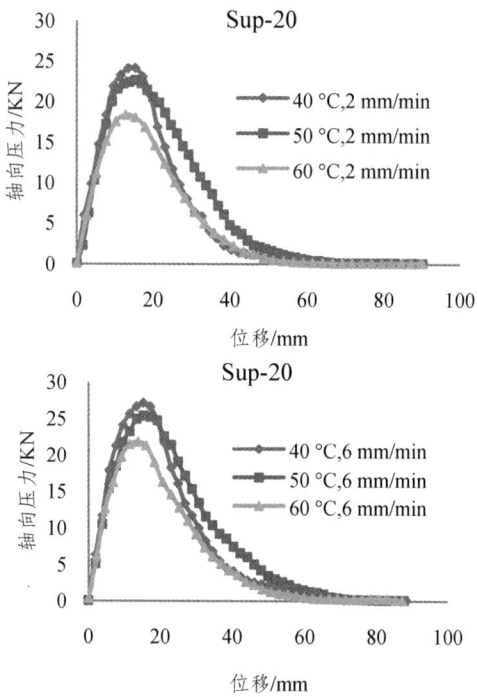

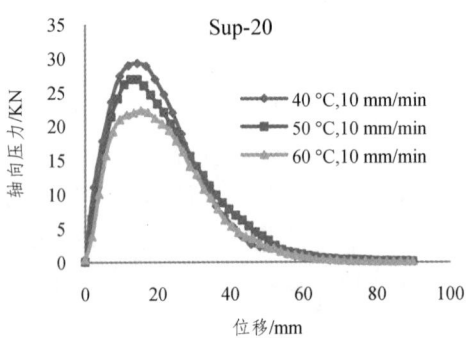

图 4-18　不同温度下轴向压力与位移关系图（压头 38 mm）

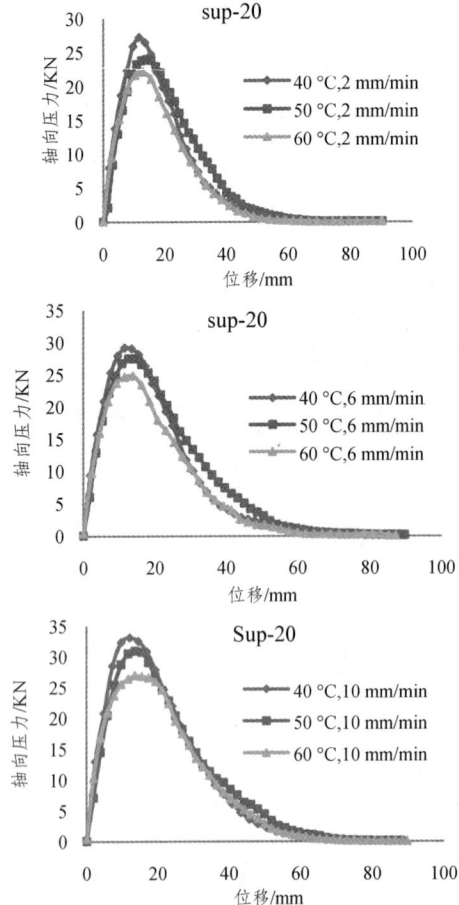

图 4-19　不同温度下的轴向压力与位移关系图（压头 47.5 mm）

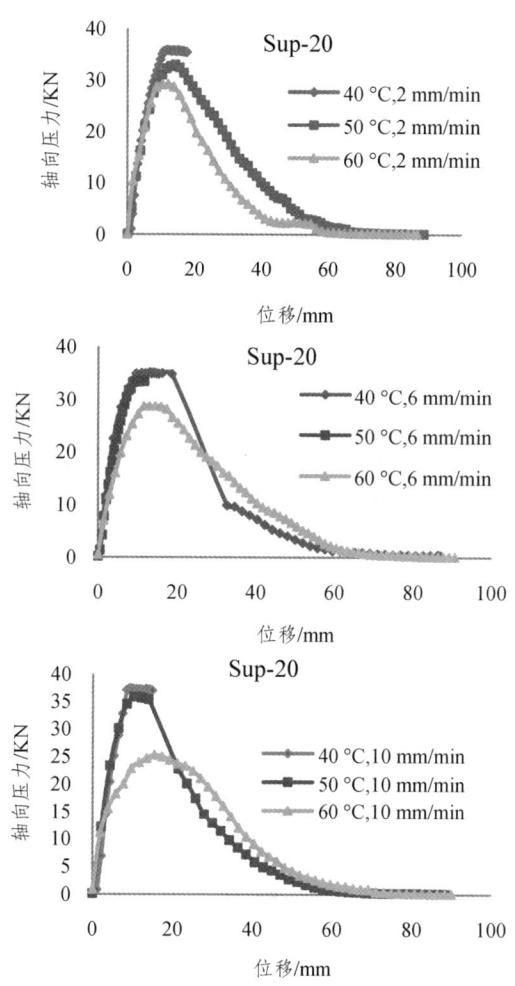

图 4-20　不同温度下的轴向压力与位移关系图（压头 57 mm）

由图 4-18～图 4-20 可以看出，同样的压头尺寸下，随着温度升高沥青混合料的抗冲剪强度逐渐降低；不管是高温还是低温，压头直径为 57 mm 时抗冲剪强度都不能顺利完成。由于夏天路面温度可以达到 60 ℃，所以试验温度确定为 60 ℃ 比较合理。

4.4.4　试样尺寸及加载速率影响规律

试验时，沥青混合料试件通常有两种类型：圆柱体和棱柱体。为了试验的方便性，试件的制作尽量简单。因此，冲剪试验试件形状采用圆柱体试件。试件的尺寸的确定需要结合目前可用的成型方法、成型试件模具和试验设备综合考虑。目前的成型方法有：马歇尔击实成型、旋转压实成型及碾压成型（车辙板）。考虑到试件尺寸效应和各种试验方法的特点，冲剪试验的试件尺寸确定为 ϕ150 mm×100 mm，采用旋转压实成型获得。

试验时采用单调加载控制模式，加载速率对试验结果的影响比较大。我国《公路工程沥青及沥青混合料试验规程》[97]中沥青混合料单轴压缩试验采用的加载速率为 2 mm/min，单轴贯入试验采用的加载速率为 1 mm/min，而马歇尔稳定度试验采用的是 50 mm/min。考虑到试验的准确性、可操作性和可重复性，试验时选取 2 mm/min、6 mm/min、10 mm/min 三个加载速率，研究加载速率对冲剪性能的影响规律，并最终确定最佳加载速率。不同加载速率作用下的影响规律如图 4-21~图 4-27 所示。

（1）38 mm 压头。

当压头直径为 38 mm 压头时，不同混合料类型和温度下轴向压力与位移之间的关系如图 4-21~图 4-23 所示。

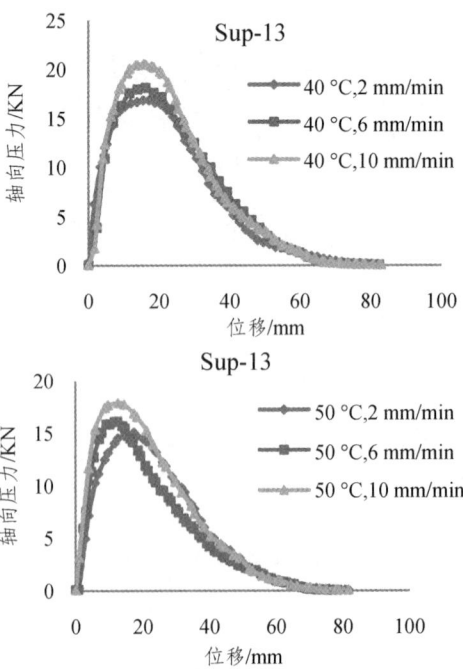

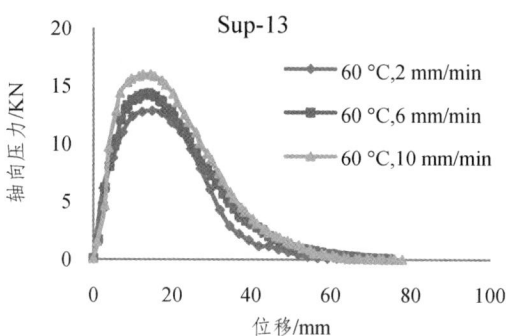

图 4-21　38 mm 压头冲剪试验（Sup-13）

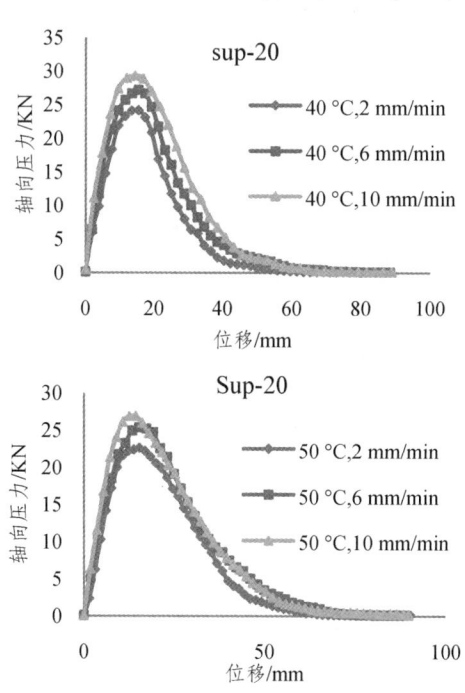

图 4-22　38 mm 压头冲剪试验（Sup-20）

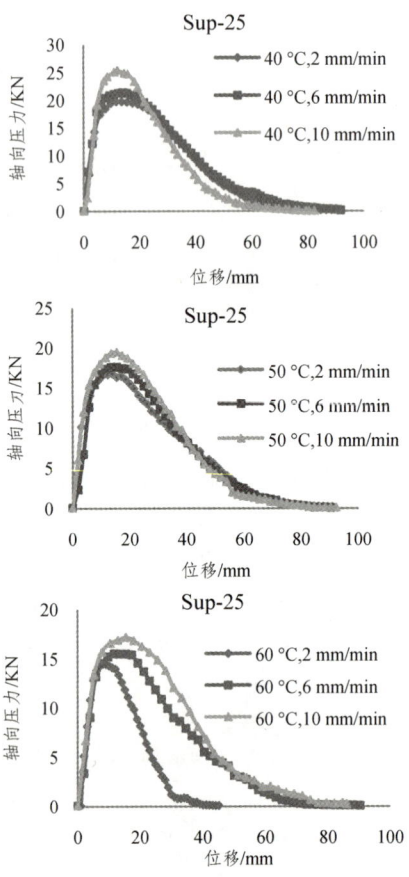

图 4-23　38 mm 压头冲剪试验（Sup-25）

（2）47.5 mm 压头。

压头直径为 47.5 mm 时，不同混合料类型和温度下，轴向压力与位移之间的关系如图 4-24~图 4-26 所示。

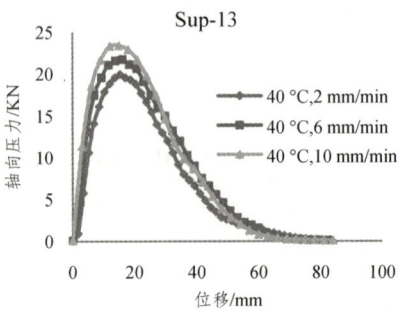

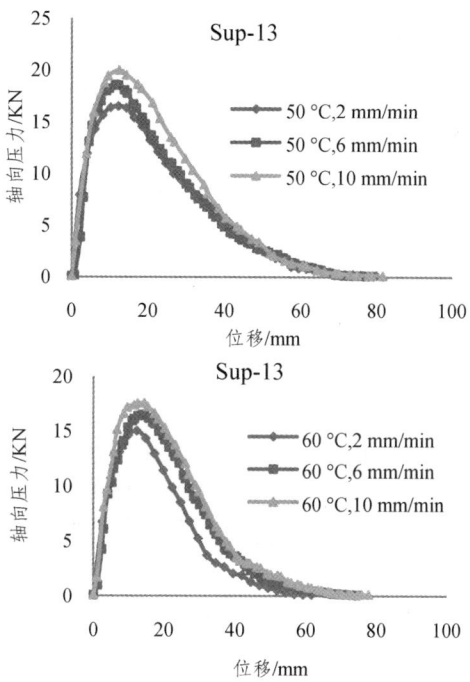

图 4-24 47.5 mm 压头冲剪试验（Sup-13）

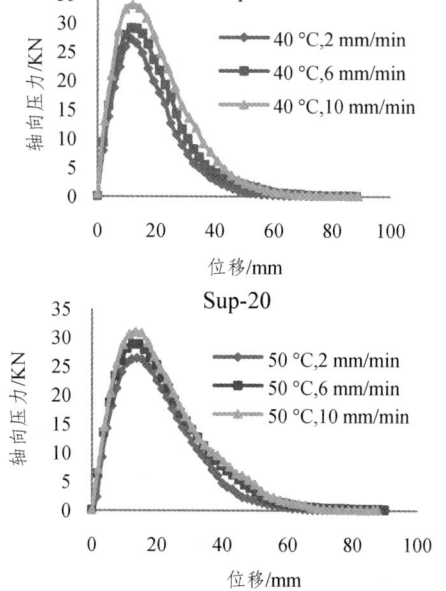

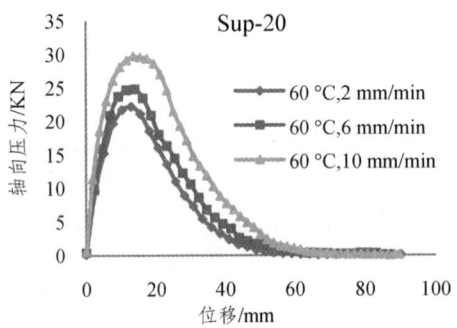

图 4-25　47.5 mm 压头冲剪试验（Sup-20）

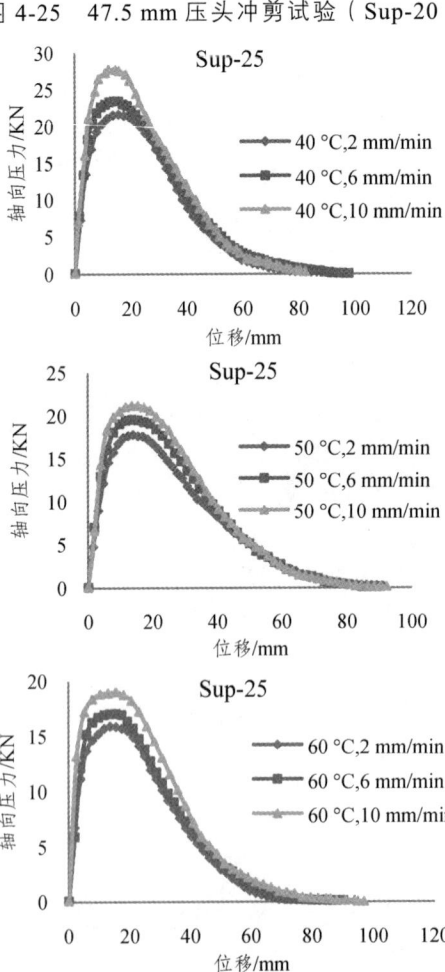

图 4-26　47.5 mm 压头冲剪试验（Sup-25）

（3）57 mm 压头。

压头直径为 57 mm 时，不同沥青混合料类型和温度下，轴向压力与位移之间的关系如图 4-27 所示。在进行试验过程中发现，压头直径为 57 mm 时，对于 Sup-20 沥青混合料试验无法顺利进行，因此没有继续进行其他混合料类型的试验。

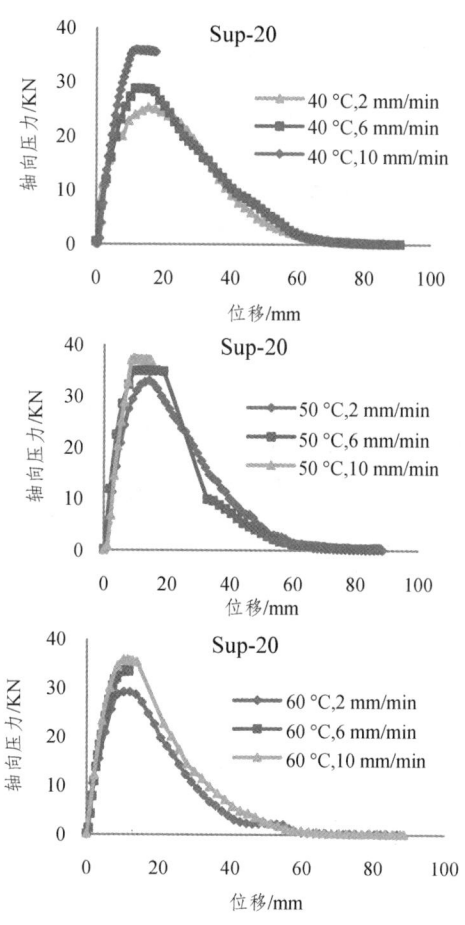

图 4-27 57 mm 压头冲剪试验（Sup-20）

由图 4-21～图 4-27 可以看出，压头直径相同情况下，随着加载速率的增大，轴向压力也在增大；从试验结果可以看出，压头直径为 38 mm 时，Sup-25 沥青混合料试验结果离散性比较大；压头直径为 57 mm 时，颗粒间相互挤压，很难准确测定轴向压力与位移之间的关系。

在沥青混合料试验中，由于考虑的角度不同，选取的加载速率大小也不同，稳定度试验中为了快速获取沥青混合料试件的力学指标，采用的加载速度比较大，加载速率采用 50 mm/min，单轴贯入试验为了模拟现场流动型车辙，采用比较小的加载速度，加载速率采用 1 mm/min。本试验的目的是为了区分各参数对沥青混合料性能的影响，进一步研究沥青混合料在荷载作用下的变形规律。通过试验还可以发现 10 mm/min 的加载速率比较稳定，因此本试验选取的加载速率为 10 mm/min。

根据以上分析，试验时施加围压比不施加更合理；公称最大粒径小于或等于 13.2 mm 的沥青混合料，压头直径选取 38 mm 比较合理，对于公称最大粒径大于 13.2 mm 的沥青混合料，压头直径选取 47.5 mm 较为合理；试验时的温度选用 60 ℃，试件尺寸选用 ϕ150 mm×100 mm，加载速率选取 10 mm/min 比较合理。

4.5 沥青混合料重复冲剪试验研究

沥青混合料剪切变形性能可以采用重复冲击剪切蠕变试验来表征。本节仍采用 UTM-100 试验机来研究沥青混合料在重复剪切荷载作用下变形规律。通过旋转压实仪成型圆柱形试件，试件尺寸为 ϕ150 mm×100 mm。压头直径为 47.5 mm，底座内径为 100 mm。

为了研究沥青混合料在重复冲击剪切荷载作用下的变形规律，选取 Sup-13、Sup-20 和 Sup-25 三种沥青混合料，试验时每组 4 个平行试件，试验温度分别为 40 ℃、50 ℃、60 ℃，各级配的重复冲剪蠕变曲线如图 4-28 ~ 图 4-30 所示。

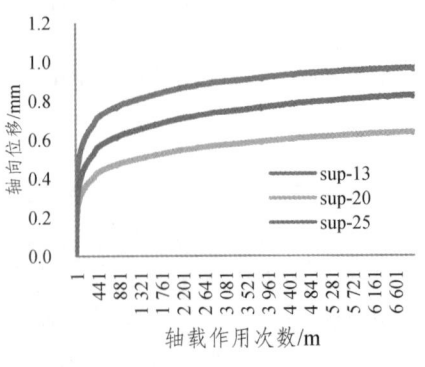

图 4-28　40 ℃ 条件下蠕变曲线

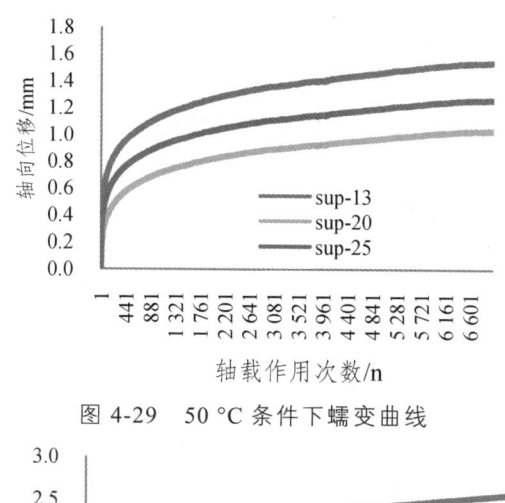

图 4-29　50 ℃ 条件下蠕变曲线

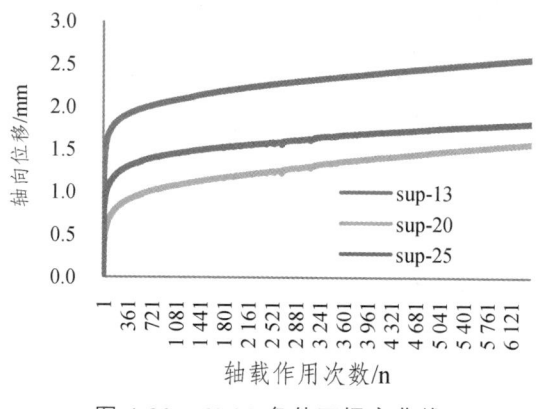

图 4-30　60 ℃ 条件下蠕变曲线

从图 4-28～4-30 可以看出，对于 Sup-13、Sup-20 和 Sup-25 三种沥青混合料来说，Sup-20 沥青混合料抗冲剪变形性能是最好的，而 Sup-13 沥青混合料是最差的，当试验温度为 60 ℃ 时，Sup-13 在重复冲击剪切荷载作用下的变形远远大于 Sup-20 和 Sup-25 沥青混合料。

4.6　本章小结

本章主要通过室内试验，研究了沥青混合料在冲击剪切变形过程中各参数对轴向压力的影响规律，并得到如下结论：

（1）相同的压头尺寸下，轴向压力峰值随着温度升高逐渐降低；压头直径为 57 mm 时，不管是高温还是低温，冲剪试验不能顺利完成。

（2）压头直径相同时，轴向压力随着加载速率增大而增大；对于 Sup-25 混合料，压头直径为 38 mm 时，数据离散性比较大；由于颗粒间相互挤压，压头直径为 57mm 时，无法准确测定轴向压力与位移之间的关系。

（3）由试验结果可以得出，试验时施加围压比不施加围压更符合实际情况；沥青混合料公称最大粒径小于或等于 13.2 mm 时，压头直径取 38 mm 比较合适，公称最大粒径大于 13.2 mm 时，压头直径选取 47.5 mm 较为合适；试验温度选取 60 ℃，试件尺寸选取 ϕ150 mm×100 mm，加载速率选用 10mm/min 比较合适。

5

沥青混合料冲剪试验细观模拟方法

前几章已经确定了室内评价沥青混合料剪切变形的试验方法,为了进一步分析沥青混合料在剪切荷载作用下的变形机理,需要凭借一定的手段从微细观角度进行分析,最常见的方法是通过相关的软件进行数值模拟试验。目前用于数值模拟的方法有有限元法(FEM finite element method)、离散元法(DEM discrete element method)和边界元(EEM)等,其中最常用的是有限元法和离散元法。有限元方法主要用以分析均质材料,将分析对象视为一个整体,然后将其划分为有限个细小网格并进行计算;离散元法是根据物体实际的物理模型划分单元,利用牛顿第二定律进行计算。研究者发现,离散元法在研究材料的微细观结构及结构在力的作用下破坏机理方面具有独特的优势。因此,本章通过 fish 语言编写不规则颗粒,利用离散元软件模拟沥青混合料中的集料,开发了 Burgers 接触模型用以模拟沥青材料的黏弹性,借助单轴蠕变试验及冲剪试验进行模型校准建立了符合试验目的的数值试验方法。

5.1 离散元法理论分析

1971 年美国工程院院士 Cundall and Strack 于 *A discrete numerical model for granular assemblies* 一文中首次提出了离散元法(Discrete Element Method)的基本思想[98],它是一种显式积分迭代算法。离散单元

法可以考虑单元之间的不连续性，根据研究对象（单元）的不同可以分为块体离散单元法及颗粒离散单元法。块体离散单元法主要用于分析岩体的节理或断层等。由于本文研究的对象是沥青混合料，因此，本文是采用颗粒离散单元法进行研究。离散元法分析时首先将研究对象划分成一定数量的颗粒单元，然后根据颗粒之间的相互关系计算颗粒单元之间的相互作用力，并且采用牛顿第二定律分析单元的运动规律，利用静态松弛法或动态松弛法等迭代法进行循环迭代计算，确定颗粒单元在每一个时间步长计算过程中的受力和位移，计算循环过程如图5-1所示。随着单元的移动或转动，单元之间的接触关系会相应地进行调整和改变，直到颗粒单元达到平衡状态。颗粒单元如果不能达到平衡就会一直运动下去，对结构来说就意味着已经断裂破坏。离散元法通过接触模型建立力和位移之间的关系，进行颗粒单元之间的接触力计算。依据牛顿第二定律可以求解出单元的速度、加速度及位移。因此，离散元法的求解方程包括两类：运动方程和力-位移关系方程。

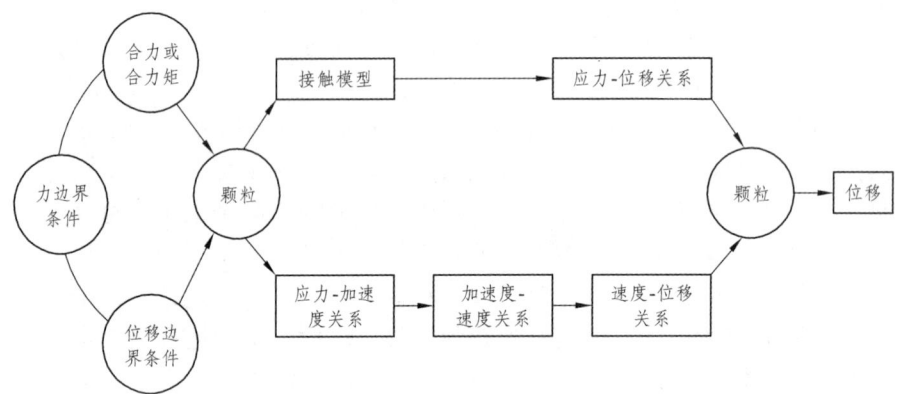

图 5-1　计算循环过程

考虑到计算的方便性及实际情况，采用离散单元法进行分析时进行了如下的假设：

（1）计算的最小单元假定为刚性圆盘，分析时颗粒在力的作用下不会发生变形。

（2）颗粒间的接触为点-点接触，颗粒之间的相互作用只是发生在接触点位置很小范围内。

（3）颗粒和颗粒之间在接触点处允许有一定量的重叠，称为颗粒间的"软接触",重叠大小通过物理方程,即力-位移法则进行关联。

(4)离散元允许颗粒单元之间相互分离,一旦颗粒单元之间分离,颗粒单元间的接触力变为零,如图 5-2 所示。

(5)力只在相邻单元之间进行传递,也就是说不相邻单元之间的作用力为零。

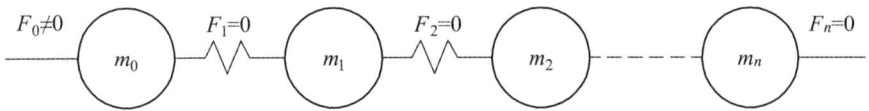

图 5-2 颗粒单元 m_0 受力 F_0 后瞬时传递特征

5.1.1 单元之间力-位移关系

对于离散单元法,假定材料为颗粒的集合,颗粒与颗粒之间不满足协调方程,但是仍满足平衡方程。假如颗粒之间受到的合力以及合力矩不为零,那么颗粒在不平衡力及不平衡力矩的作用下满足牛顿第二定律 $F=ma$ 以及 $M=I\ddot{\theta}$ 的运动规律,但是运动过程中颗粒还要受到相接触颗粒的约束。这种力和位移的作用规律相当于物理方程,它可能是线性的,也可能是非线性的。其计算是按照时步的迭代并遍历整个颗粒集合,直至每一个颗粒都不存在不平衡力及不平衡力矩。

离散元法采用的是最简单的力-位移关系,颗粒与颗粒间的作用力与两个颗粒单元之间的"重叠量 U_n"直接相关,颗粒单元之间以及颗粒与墙体之间的接触如图 5-3 和图 5-4 所示。接触力为法向接触力与切向接触力的合力,表达形式为

$$F = F_n + F_s \tag{5-1}$$

假定两个颗粒体间的法向作用力 F_n 与颗粒之间的法向"叠合"位移 U_n 成正比,则

$$F_n = K_n U_n \tag{5-2}$$

式中 K_n——法向刚度系数。

由于颗粒所受到的切向接触力 F_s 与颗粒的加载历史、运动状态有关,因此采用增量形式:

$$\Delta F_s = -F_s \Delta U_s \tag{5-3}$$

$$\Delta U_s = V_s \Delta t \tag{5-4}$$

$$V_s = V - V_n \tag{5-5}$$

则

$$F_s = F_s^{old} - \Delta F_s \tag{5-6}$$

式中　ΔF_s ——颗粒间接触力切向分量的增量；

K_s ——颗粒间的切向刚度；

ΔU_s ——切向叠合量增量；

V_s ——接触速度切向分量；

V ——接触速度向量；

V_n ——接触速度法向分量。

因此，颗粒间的接触力与颗粒间的叠合量有关，通过接触力就可以计算出颗粒所受到的不平衡力及不平衡力矩。

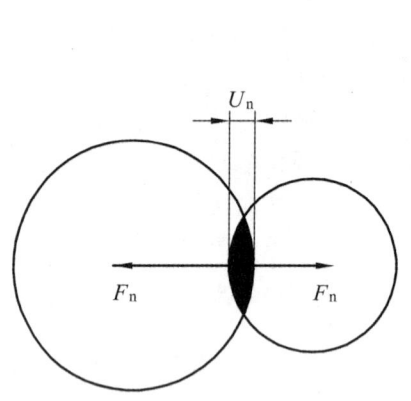

图 5-3　颗粒与颗粒接触

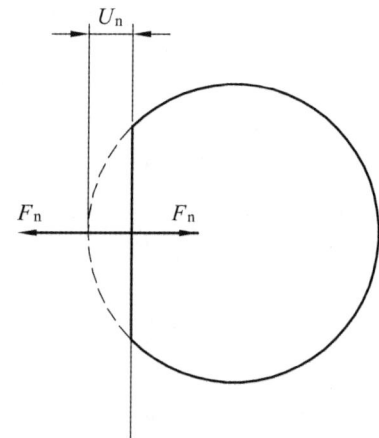

图 5-4　颗粒与墙体接触

5.1.2　离散元运动方程

力是改变物体运动状态的本质，颗粒在合外力和合外力矩的作用下产生加速度及速度，进而产生平动或转动。在任意 t 时刻，颗粒单元在力的作用下的运动可以用两个矢量方程来表达，一个是转动位移与合力矩的关系；另一个为合力位移的关系。在任意一个时刻 t，遍历颗粒上受到

的力,可以求出合力及合力矩,根据牛顿第二定律可以得出颗粒 i 的运动方程为

$$\ddot{U}_i(t) = \frac{\sum F_i(t) - c\dot{U}_i(t)}{m} \qquad (5\text{-}7)$$

$$\ddot{\theta}_i(t) = \frac{\sum M_i(t) - c\dot{\theta}_i(t)}{I} \qquad (5\text{-}8)$$

式中 m, I ——颗粒单元的质量和转动惯量;

$U_i(t), \theta_i(t)$ ——颗粒单元体 t 时刻的位置矢量、角位移;

$F_i(t), M_i(t)$ ——颗粒单元 i 在 t 时刻所受到的合力及合力矩;

c ——与颗粒单元质量成比例的阻尼系数。

由于上式左侧用中心差分格式,在时间 t 又可以表示为

$$\ddot{U}_i(t) = \frac{1}{\Delta t}\left[\dot{U}_i\left(t - \frac{\Delta t}{2}\right) + \dot{U}_i\left(t + \frac{\Delta t}{2}\right)\right] \qquad (5\text{-}9)$$

$$\ddot{\theta}_i(t) = \frac{1}{\Delta t}\left[\dot{\theta}_i\left(t - \frac{\Delta t}{2}\right) + \dot{\theta}_t\left(t + \frac{\Delta t}{2}\right)\right] \qquad (5\text{-}10)$$

将式(5-9)和式(5-10)代入式(5-7)和式(5-8)并整理得

$$\dot{U}_i\left(t + \frac{\Delta t}{2}\right) = \frac{\left[\left(1 - \frac{1}{2}c \cdot \Delta t\right) \cdot \dot{U}_i\left(t - \frac{\Delta t}{2}\right) + \dfrac{\sum F_i(t) \cdot \Delta t}{m}\right]}{1 + \frac{1}{2}c \cdot \Delta t} \qquad (5\text{-}11)$$

$$\dot{\theta}_i\left(t + \frac{\Delta t}{2}\right) = \frac{\left[\left(1 - \frac{1}{2}c \cdot \Delta t\right) \cdot \dot{\theta}_i\left(t - \frac{\Delta t}{2}\right) + \dfrac{\sum M_i(t) \cdot \Delta t}{m}\right]}{1 + \frac{1}{2}c \cdot \Delta t} \qquad (5\text{-}12)$$

进而可以求出 $t + \Delta t$ 颗粒单元的位移

$$U_i(t + \Delta t) = U_i(t) + \dot{U}_t\left(t + \frac{\Delta t}{2}\right) \cdot \Delta t \qquad (5\text{-}13)$$

$$\theta_i(t + \Delta t) = \theta_i(t) + \dot{\theta}_i\left(t + \frac{\Delta t}{2}\right) \cdot \Delta t \qquad (5\text{-}14)$$

此时颗粒移动到一个新的位置，同时颗粒受到的接触力及接触力矩发生了改变，进入下一个时步，重新进行合力 $\sum F_i(t+\Delta t)$ 和合力矩 $\sum M_i(t+\Delta t)$ 的计算，按照以上方式继续进行计算直到达到平衡或断裂。

5.1.3　离散元程序 PFC 简介

PFC（Partical Flow Code）软件是在离散元基础上进行了一定的简化并发展起来的颗粒流程序，是由 Cundall 和 Hart 开发的一种商业软件，最初用于岩土工程并逐渐壮大。该公司 1979 年提出开发了 PFC2D（二维）和 PFC3D（三维）离散元颗粒流软件。它通过采用二维的刚性圆盘单元或三维的刚性圆球单元来模拟材料特性和颗粒间相互作用关系，单元之间可以允许存在一定量的相互重叠，称为"软接触"，单元之间遵循一定的接触本构关系，颗粒单元在合外力作用下运动并服从牛顿第二定律，单元运动方程的时步迭代采用的是显式的中心差分形式。随着 PFC 程序开发得逐步完善，它既可以应用于计算散体问题，也可以用于进行连续介质系统的模拟，在模拟沥青混合料这种连续分散体系的材料更具有明显的优势。

PFC 所建模型一般是由圆盘（圆球）、墙体、接触及黏结几个基本元素构成，PFC 中采用等效的圆盘或者圆球模拟集料颗粒，采用有限长度的线段（二维）或长方体（三维）作为墙，利用颗粒单元之间、颗粒单元和墙之间的接触及黏结共同模拟颗粒材料的特性。PFC 是将所分析的对象离散成一定数量的圆盘或者圆球单元，采用接触来描述单元之间的相对位移与接触力的关系，在 PFC 模拟中，接触的本构模型主要包括三种类型：接触刚度模型，是用以描述相对位移和接触力之间的关系，它包括线性接触刚度模型及 Hertz-Mindlin 接触刚度模型；接触黏结模型，是用以对接触的颗粒单元进行约束，其包括平行黏结模型及接触黏结模型；滑动接触模型，它是通过两个接触单元之间的最小摩擦系数 μ 来定义，是用以描述切向接触力及法向接触力间的相互关系（两个接触颗粒单元可能会产生相对滑动），如图 5-5 所示。

在离散元软件 PFC2D/3D 中还提供了 cluster 理论及 clump 理论，依据此理论可以将颗粒单元任意组合并形成任意形状的颗粒，不规则颗粒生成示例如图 5-6 ~ 图 5-8。PFC 还为用户提供了访问 PFC 程序内核的信息接口，用户可以利用此接口使用高级程序编译语言 C++ 定义特定本

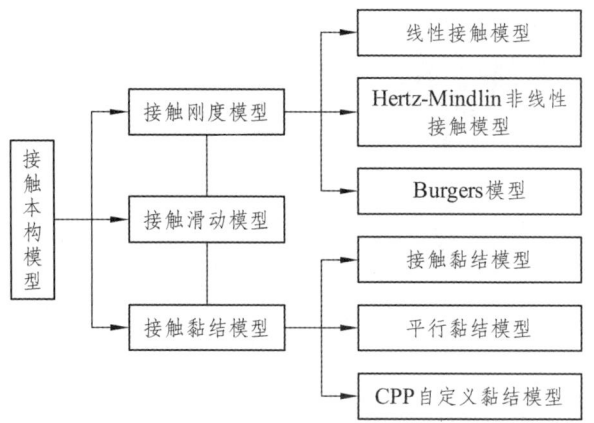

图 5-5 离散元接触模型

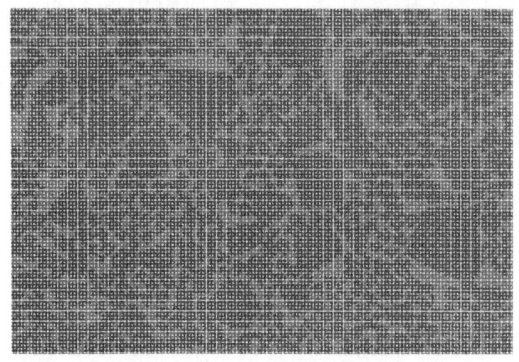

图 5-6 Sup-13 物理模型

图 5-7 Sup-20 物理模型

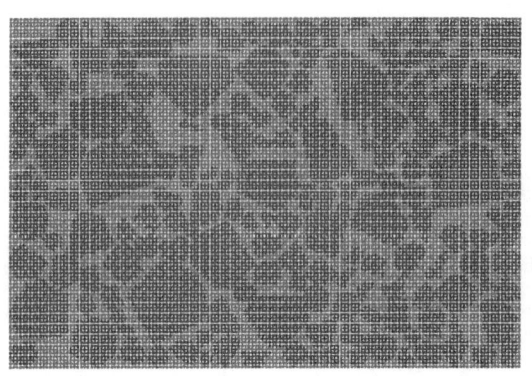

图 5-8　Sup-25 物理模型

构模型并可在 PFC 程序中实现对该文件的成功调用。通过 clump 建立不规则颗粒模拟集料,并开发了 Burgers 模型模拟沥青材料的黏弹性质。为了节省时间成本,采用 PFC2D 进行沥青混合料细观分析。

5.2　沥青混合料单元接触模型

颗粒离散单元法中,内置了几种接触模型,包括接触刚度模型、滑动模型及黏结模型三类,每一种模型有其适用的条件和范围,由于 PFC 提供的接触模型有限或者往往不能满足工程需要,PFC 还提供了自定义接触类型的接口,供研究者自己开发所需要的接触模型。

5.2.1　接触刚度模型

接触刚度模型经常用于模拟在不发生剪切滑移、受拉断裂破坏时材料单元之间的接触形式。接触刚度模型用以表征颗粒单元之间的相对位移和接触力之间的弹性关系,包括切向力及切向相对位移之间的关系以及法向力及其法向相对位移之间的关系。如果接触刚度模型同时引入 Coulomb 摩擦准则可以考虑单元间的滑移。

法向接触力与接触相对位移的关系为

$$F_n = K_n U_n n_i \quad (5\text{-}15)$$

式中　F_n——法向接触力;

　　　K_n——法向刚度;

U_n——法向位移；

n_i——法向向量。

切向接触力与接触相对位移的关系为

$$\Delta F_{si} = -K_s \Delta U_{si} \qquad (5\text{-}16)$$

式中　K_s——切向刚度；

ΔU_{si}——切向相对位移增量；

ΔF_{si}——切向接触力增量。

其中，切向刚度与切向接触力增量和切向位移增量有关。PFC 软件提供了两种接触刚度模型：线性接触模型及简化的 Hertz-Mindiin 接触模型，不同的接触刚度模型需要输入的参数值不相同，而且需要设置的刚度值也不同。

1. 线性刚度接触模型

线性刚度接触模型使用颗粒之间或颗粒与墙体之间的法向刚度与切向刚度来定义。线性刚度模型假设两个接触颗粒的刚度串联在一起并相互作用，接触模型的细观参数包括法向接触刚度 K_n 和切向接触刚度 K_s。

法向接触刚度 K_n 可由下式计算：

$$K_n = \frac{K_n^A K_n^B}{K_n^A + K_n^B} \qquad (5\text{-}17)$$

式中　K_n^A、K_n^B——两接触实体的法向接触刚度。

切向接触刚度 K_s 可由下式计算：

$$K_s = \frac{K_s^A K_s^B}{K_s^A + K_s^B} \qquad (5\text{-}18)$$

式中　K_s^A、K_s^B——两接触实体的切向接触刚度。

线性接触模型，假设接触位移与接触力呈线性关系。线性刚度模型又称为线性弹簧-阻尼器模型，它是由弹簧和粘壶并列而成，因此线性接触模型能够提供黏性力、弹性力及滑动力但不能承受拉力，如图 5-9 所示。

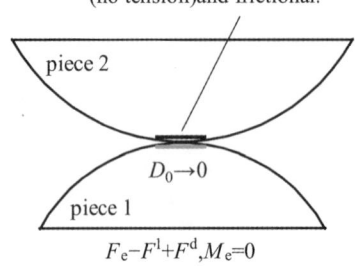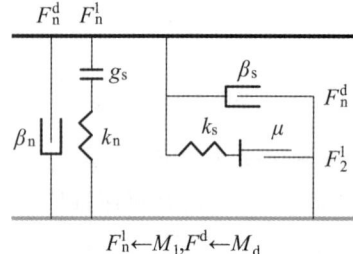

图 5-9 线性接触模型

2. Hertz-Mindlin 接触模型

Hertz-Mindlin 接触模型是在 Hertz 理论及 Mindlin&Deresiewiez 理论基础上得出来的一种非线性接触模型,其认为相对位移与接触力之间是近似的非线性关系。

模型细观参数包括细观泊松比 v_u 和剪切模量 G_u。该模型没有定义颗粒单元在承受张力时的情况。

法向割线刚度 K_n 可由下式计算:

$$K_n = \left[\frac{2G_u\sqrt{2\overline{R}}}{3(1-v_u)}\right]\sqrt{U_n} \qquad (5\text{-}19)$$

切向切线刚度 K_s 可由下式计算:

$$K_s = \left\{\frac{2[G_u^2 3(1-v_u)\overline{R}]^{1/3}}{2-v_u}\right\}|F_{ni}|^{1/3} \qquad (5\text{-}20)$$

式中　U_n——颗粒间接触重叠量;

　　　F_{ni}——法向接触力的大小;

　　　G_u、v_u——颗粒的细观剪切模量及细观泊松比;

　　　$\overline{R}$——两个接触颗粒单元的平均半径。

简化的 Hertz-Mindlin 接触模型适用于模拟无黏结、小应变和只受压力的颗粒体系,不能承受弯矩。而对于颗粒与颗粒之间的相互接触,计算弹性常数采用平均值,对于颗粒与墙体之间的接触,则假定墙是刚性,所以可以直接取球的弹性常数。

5.2.2 滑动模型

当颗粒间切向力超过允许的最大切向力时,颗粒开始滑移。颗粒之间滑移模型中的参数滑动摩擦系数 μ 是依据 PFC 属性继承,采用两接触颗粒之间摩擦系数的最大值,滑移判别准则满足 coulomb 摩擦准则,准许滑移的切向力临界值可采用式(5-21)进行计算。

$$F_{\text{smax}} = \mu F_{\text{ni}} \tag{5-21}$$

式中 F_{smax} ——接触单元之间允许的最大切向力;

F_{ni} ——接触单元之间的法向力。

当 $|F_{\text{si}}| > F_{\text{smax}}$,发生滑移,且在下一循环中:

$$F_{\text{si}} \leftarrow F_{\text{si}}(F_{\text{smax}}/|F_{\text{si}}|) \tag{5-22}$$

5.2.3 黏结接触模型

PFC2D 软件提供了两种黏结接触模型,即接触黏结模型及平行黏结模型。在机理上接触黏结模型跟接触点处的刚性黏结相似,其黏结本身是不可变形的,但当作用力超过黏结强度时,则黏结断裂。在机理上平行黏结模型与接触面上的柔性胶黏结相似,黏结本身具有刚度,并且可以发生一定的变形,当作用力超过黏结强度时,则黏结断裂。

1. 接触黏结模型

接触黏结模型可以假定颗粒间的接触点处作用了一对具有恒定法向刚度及切向刚度的弹簧,并且该对弹簧被赋予了一定的法向黏结强度(法向抗拉强度)及切向黏结强度(切向抗剪强度),如图 5-10 所示。当颗粒间法向接触力的大小超过了其法向黏结强度,或者切向接触力的大小超过了其切向黏结强度中任意一个条件时,颗粒间的接触黏结就断裂,接触黏结模型失效,颗粒与颗粒之间的运动行为将转化成无黏结材料的运动行为。当接触黏结模型有效时,则滑移模型将不会生效。接触黏结模型中的细观参数包括切向黏结强度 b_s、法向黏结强度 b_n,如图 5-11 所示,n 表示法向力,s 表示切向力。

接触黏结模型为点接触,可以传递力,但不能传递力矩,即可以抗拉或抗压,但不可以抗弯和抗扭。接触黏结模型假定只是在接触点处存在接触力,通常适用于砂浆单元之间及集料内部单元之间的黏结作用。

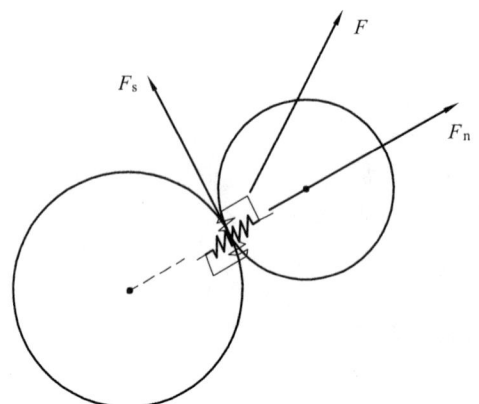

图 5-10 接触黏结模型示意图

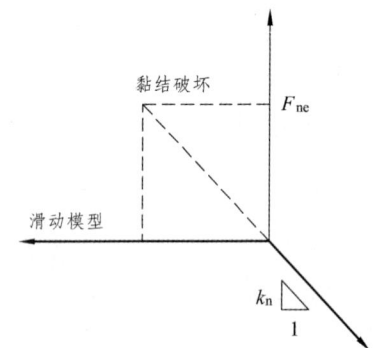

（a）法向接触力分量

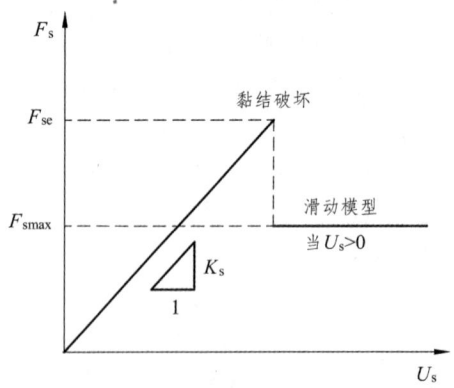

（b）切向接触力分量

图 5-11 接触黏结本构关系示意图

2. 平行黏结模型

平行黏结模型可以对颗粒间存在有限尺寸胶结材料情况力学性质进行模拟。它在两个刚性颗粒单元之间提供了一种柔性的胶体黏结，因此这种黏结就在颗粒之间建立了一种弹性的相互作用关系，它可以与滑移模型同时存在。

平行黏结模型可以假定为一组具有恒定切向刚度和法向刚度的弹簧，其均匀分布于两个颗粒的接触面内部，而且这组弹簧具有一定的抗拉和抗剪强度。由于存在黏结刚度，因此颗粒之间接触点处的相对运动就会在平行黏结处产生力和力矩作用，力和力矩的大小决定于平行黏结强度的大小，如果力和力矩大小超过了黏结强度，则黏结断裂，平行黏结模型也就失效。力（力矩）与位移的关系如图 5-12 所示。

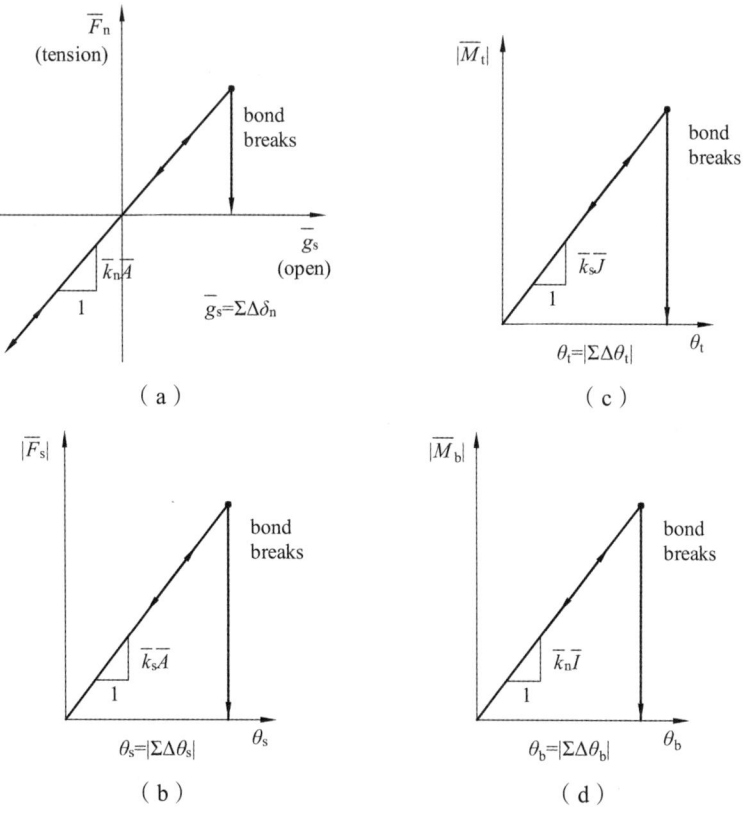

图 5-12　力和力矩与位移关系图

平行黏结模型的细观参数包括：法向的黏结刚度、切向的黏结刚度、法向的黏结强度、切向的黏结强度及黏结半径。

平行黏结发生在接触颗粒间圆形或方形有限范围内，不仅能够传递力矩，也能传递力矢量，比较适合模拟柔性材料。

5.2.4　Burgers 接触模型

研究表明[99]，Burgers 接触模型可以很好地描述沥青混合料的黏弹性。从微观力学建模角度上分析，沥青混合料的黏弹性表现为：沥青玛琋脂与粗集料之间的相互作用及玛琋脂内部单元之间的相互作用。根据 Burgers 模型理论，结合离散单元法方法，自定义了黏弹性 Burgers 接触模型，用于描述沥青砂浆单元之间的黏弹性。

1. Burgers 接触模型简介

Burgers 接触模型是对宏观上的 Burgers 模型在微观上的表达，反映了黏弹性材料在微观上的技术性质。Burgers 模型是由 Maxwell 接触模型及 Kelvin 接触模型串联而成的。颗粒单元间的相互作用表现为法向和切向的相互作用，需要分别进行。在切向，根据 Coulomb 定理设置了摩擦系数 μ，限制了剪切力的大小。Burgers 接触模型法向与切向的相互作用如图 5-13 所示。

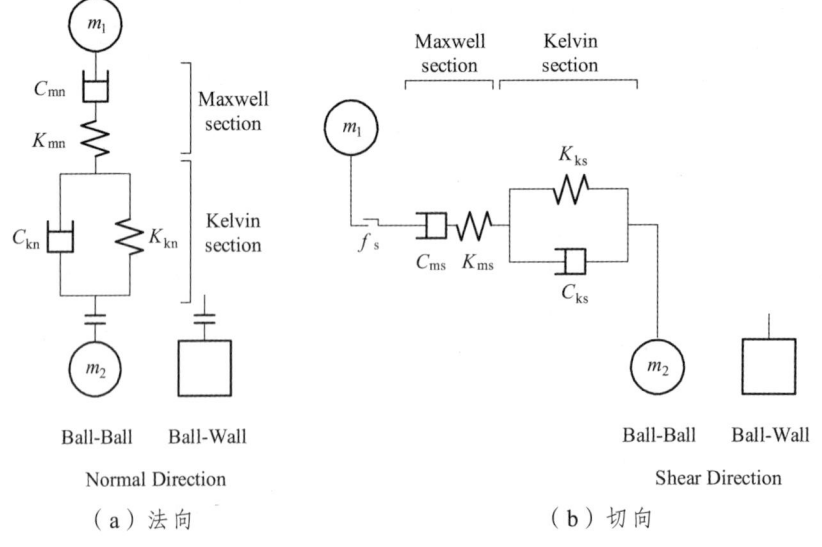

（a）法向　　　　　　　　　　（b）切向

图 5-13　Burgers 接触模型示意图

分析沥青路面剪切破坏情况时，在每次迭代前检查剪切力 F_s 是否大于库仑摩擦力 $c+\sigma\tan\phi$（ϕ 为颗粒间内摩擦角，c 为颗粒间黏聚力）。如果超过了库仑摩擦力，则颗粒体就会产生位移，此时的剪切力取极限值 $c+\sigma\tan\phi$，颗粒间的作用满足摩尔-库仑准则。

2．数值算法

Burgers 模型的位移包括两部分，即 Maxwell 位移（u_m）与 Kelvin 位移（u_k）之和，即

$$u = u_k + u_m \tag{5-23}$$

Maxwell 位移也由两部分组成，即粘壶与弹簧串联的位移（u_{mc} 和 u_{mk}），则

$$u = u_k + u_{mk} + u_{mc} \tag{5-24}$$

上式的一阶及二阶导数为

$$\dot{u} = \dot{u}_k + \dot{u}_{mk} + \dot{u}_{mc} \tag{5-25}$$

$$\ddot{u} = \ddot{u}_k + \ddot{u}_{mk} + \ddot{u}_{mc} \tag{5-26}$$

若 Burgers 接触模型中 Maxwell 接触模型接触力为 f，则，接触力及其导数表达式为

$$f = \pm K_m u_{mk} \tag{5-27}$$

$$\dot{f} = \pm K_m \dot{u}_{mk} \tag{5-28}$$

$$\ddot{f} = \pm K_m \ddot{u}_{mk} \tag{5-29}$$

$$f = \pm C_m \dot{u}_{mc} \tag{5-30}$$

$$\dot{f} = \pm C_m \ddot{u}_{mc} \tag{5-31}$$

式中　K_m——Maxwell 部分刚度；

C_m——Maxwell 部分黏度系数。+ 表示法向方向，- 表示切向方向。

由式（5-25）、式（5-26）及式（5-27）~式（5-31）得出

$$f + \left[\frac{C_k}{K_k} + C_m\left(\frac{1}{K_k} + \frac{1}{K_m}\right)\right]\dot{f} + \frac{C_k C_m}{K_k K_m}\ddot{f}$$

$$= \pm C_m \dot{u} \pm \frac{C_k C_m}{K_k} \ddot{u} \qquad (5\text{-}32)$$

Maxwell 接触模型位移及其导数为

$$u_m = u_{mk} + u_{mc} \qquad (5\text{-}33)$$

$$\dot{u}_m = \dot{u}_{mk} + \dot{u}_{mc} \qquad (5\text{-}34)$$

可得出

$$\dot{u}_m = \pm \frac{\dot{f}}{K_m} \pm \frac{f}{C_m} \qquad (5\text{-}35)$$

采用中心差分格式近似有限差分格式得出

$$\frac{u_m^{t+1} - U_m^t}{\Delta t} = \pm \frac{f^{t+1} - f^t}{\Delta t K_m} \pm \frac{(f^{t+1} + f^t)}{2C_m} \qquad (5\text{-}36)$$

则

$$u_m^{t+1} = \pm \frac{f^{t+1} - f^t}{K_m} \pm \frac{\Delta t (f^{t+1} + f^t)}{2 C_m} + u_m^t \qquad (5\text{-}37)$$

Kelvin 接触模型接触力及其导数为

$$f = \pm K_k u_k \pm C_k \dot{u}_k \qquad (5\text{-}38)$$

$$\dot{f} = \pm K_k \dot{u}_k \pm C_k \ddot{u}_k \qquad (5\text{-}39)$$

由时间导数的中心差分格式近似有限差分，即可得到 u_k 和 f 的平均值：

$$\frac{u_k^{t+1} - u_k^t}{\Delta t} = \frac{1}{C} \left[-\frac{K_k (u_k^{t+1} + u_k^t)}{\Delta t} \pm \frac{f^{t+1} + f^t}{2} \right] \qquad (5\text{-}40)$$

得出

$$u_k^{t+1} = \frac{1}{A} \left[B u_k^t \pm \frac{\Delta t}{2 C_k} (f^{t+1} f^t) \right] \qquad (5\text{-}41)$$

其中

$$A = 1 + \frac{K_k \Delta t}{2C_k}, \quad A = 1 - \frac{K_k \Delta t}{2C_k}$$

由（5-23）式得出

$$\dot{u} = \dot{u}_k + \dot{u}_m \quad (5\text{-}42)$$

可得出接触力

$$f^{t+1} = \pm \frac{1}{C}\left[u^{t+1} - u^t + \left(1 - \frac{B}{A}\right)u_k^t \mp Df^t\right] \quad (5\text{-}43)$$

其中：$C = \dfrac{\Delta t}{2AC_k} + \dfrac{1}{K_m} + \dfrac{\Delta t}{2C_m}$

$D = \dfrac{\Delta t}{2AC_k} - \dfrac{1}{K_m} + \dfrac{\Delta t}{2C_m}$

经过以上的计算，就完成了一个时步内单元之间的循环，经过指定时步内多个循环计算后，即可得到最终的模拟结果。

3．Burgers 接触模型微观参数确定

模型试验参数与微观参数之间存在一定的对应关系，但这种对应关系还无法用一种精确的数学模型来表达。因此，首先假设模型参数即为试验参数，然后通过对模型参数进行试验校准最终得到宏观试验参数与微观参数之间的关系。关于二维的 Burgers 接触模型微观参数与试验参数之间的关系如下[100]：

$$K_{mn} = \frac{AE_1}{L} = E_1 \cdot t$$

$$C_{mn} = \frac{A\eta_1}{L} = \eta_1 \cdot t$$

$$K_{kn} = \frac{AE_2}{L} = E_2 \cdot t$$

$$C_{kn} = \frac{A\eta_2}{L} = \eta_2 \cdot t$$

$$K_{ms} = \frac{K_{mn}}{2(1+\nu)} = \frac{E_1}{2(1+\nu)} \cdot t$$

$$C_{ms} = \frac{C_{mn}}{2(1+v)} = \frac{\eta_1}{2(1+v)} \cdot t$$

$$K_{ks} = \frac{K_{kn}}{2(1+v)} = \frac{E_2}{2(1+v)} \cdot t$$

$$C_{ks} = \frac{C_{kn}}{2(1+v)} = \frac{\eta_2}{2(1+v)} \cdot t$$

(5-44)

式中　E_1、η_1——Maxwell 模型中的弹性模量和黏度；

　　　E_2、η_2——为 Kelvin 模型中的弹性模量及黏度；

　　　v——泊松比；

　　　t——弹性梁厚度。

5.2.5　接触模型及参数确定

1．接触模型确定

近代胶浆理论假定混合料是一种多级的空间网状的分散体系，包括粗分散体系、细分散体系和微分散体系。粗分散体系是指将粗集料作为分散相分散在沥青砂浆中；细分散体系是指将细集料作为分散相分散到沥青胶浆中；微分散体系是指将填料作为分散相分散到沥青介质中，如图 5-14 所示。上述多级分散体系中，以沥青胶浆为基础，因此沥青混合料的高、低温性能由沥青胶浆的组成所决定。

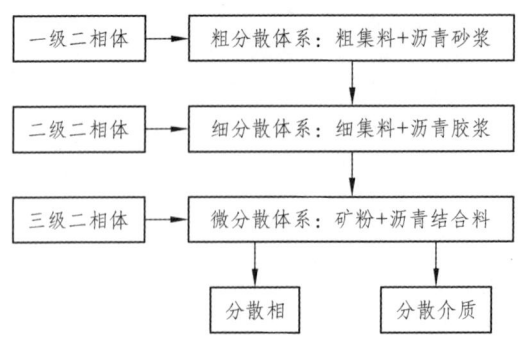

图 5-14　沥青混合料多级分散体系示意图

众所周知，沥青混合料是由集料、沥青砂浆及空隙组成的三相复合体系。分析中空隙可以通过删除部分砂浆单元产生。根据上述胶浆理论，沥青混合料是多级分散体系，存在如下几种相互作用：① 粗集料与粗集料间的相互作用；② 粗集料内部颗粒单元间的相互作用；③ 粗集料与沥青玛琋脂之间的相互作用；④ 沥青玛琋脂内部颗粒单元之间的相互作用。因此，沥青混合料微观力学模型即为上述 4 种相互作用的数学表达，颗粒单元之间的相互关系如图 5-15 所示。

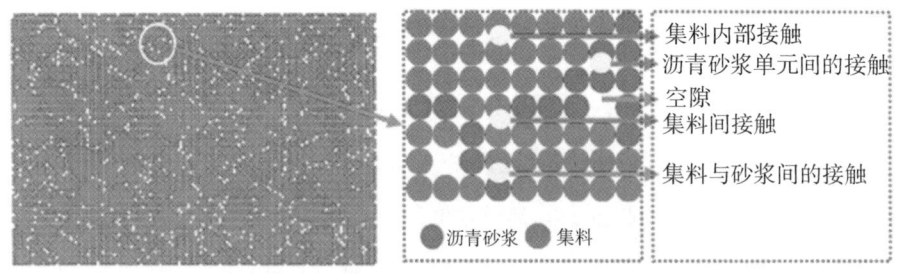

图 5-15　颗粒间的相互关系示意图

通过 PFC 各种接触模型的介绍及参考相关的研究成果，最终确定采用线性刚度接触模型来描述集料单元间的接触；采用接触黏结模型来模拟集料之间的接触；沥青砂浆单元用 Burgers 接触模型进行模拟；沥青砂浆与集料之间的接触用平行黏结模型进行模拟，具体的接触模型设置情况如表 5-1 所示。

表 5-1　沥青混合料接触模型设置

接 触 点	接 触 模 型
集料内部的颗粒单元	线性接触模型
集料与集料之间单元	接触黏结模型
沥青砂浆与集料之间单元	平行黏结模型
沥青砂浆内部之间单元	Burgers 模型

2．接触模型参数确定方法

参数确定有两种方式：当数值试验不太复杂，直接通过宏观试验进行校准，如图 5-16 所示；如果试验比较复杂需要自定义模型，针对自定义模型设计试验（宏观试验）进行校准，然后再针对整个试验参数进行校准，如图 5-17 所示。

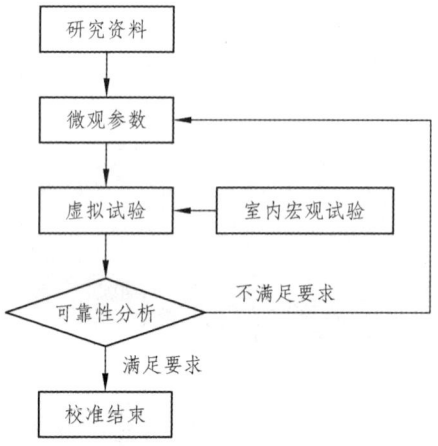

图 5-16　简单数值试验参数校准

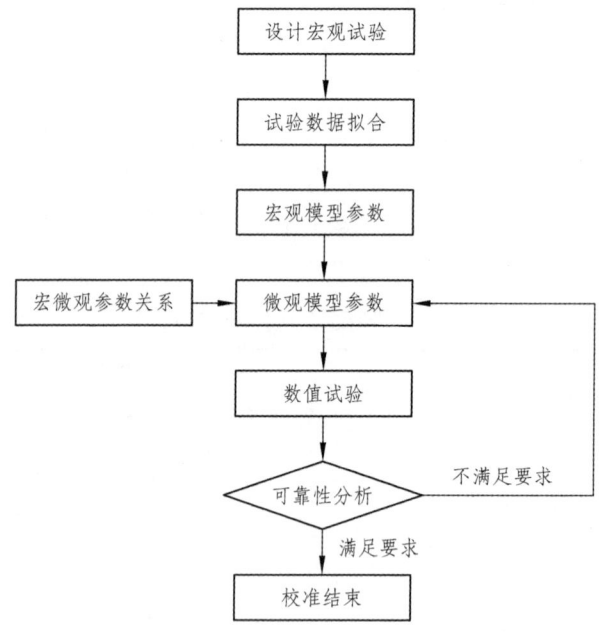

图 5-17　自定义接触模型数值试验参数校准

3．集料微观参数确定

本试验中采用的集料岩性为石灰岩，石灰岩的弹性模量变化范围为 16~45 GPa[101-103]，我国路基路面没有关于石料弹性模量的规定，结合公路的受力条件，模拟时取值为 30.5 GPa。石灰岩的泊松比变化范围为 0.24~0.32[104]，本文取集料的泊松比为 0.25。根据弹性模量与剪切模量之间的关系，可以得到集料切向与法向刚度比为 0.4，集料的切向刚度与法向刚度见表 5-1，表中 R 为离散单元半径。根据相关研究成果[99]，集料间摩擦系数取值为 0.35，则集料微观参数如表 5-2 所示。

表 5-2 集料微观接触模型参数

K_n/（10^6N/m）	K_s/（10^6N/m）
122R	48.8R

4．沥青砂浆微观参数确定

（1）沥青砂浆组成设计。

为了获取沥青砂浆微观参数，需要在室内成型沥青砂浆试件，获取力和位移关系，根据宏观参数与微观参数之间的关系确定出微观参数。本文根据表 5-3 Sup-20 沥青混合料集料合成级配进行沥青砂浆级配设计。沥青砂浆由细集料和胶结料组成。按照 Sup-20 沥青混合料级配，根据各档集料筛余百分率比例不变的原则，将粗集料部分去掉计算出相应的沥青砂浆级配。沥青用量根据比表面积法计算获得。

表 5-3 Sup-20 沥青混合料级配

级配类型	通过各筛孔的质量百分率/%										
	26.5	19	16	13.2	9.5	4.75	2.36	1.18	0.6	0.3	0.15	0.075
Sup-20	100	92.9	85.7	74.3	64.1	42.5	29	18	13	8.5	6.3	4

为了计算方便假定粗细集料总质量为 100 kg，根据有关研究成果可得到各档集料及矿粉的比表面积，如表 5-4 所示[105]。

表 5-4 集料比表面积分析

筛孔尺寸/mm	表面积系数/（m²/kg）	分级筛余/kg	各档集料的表面积/m²
26.5	0.41	—	—
19	0.41	7.1	2.91
16	0.41	7.2	2.95

续表

筛孔尺寸/mm	表面积系数/（m²/kg）	分级筛余/kg	各档集料的表面积/m²
13.2	0.41	11.4	4.67
9.5	0.41	10.2	4.18
4.75	0.41	21.6	8.86
2.36	0.82	13.5	11.07
1.18	1.64	11	18.04
0.6	2.87	5	14.35
0.3	6.14	4.5	27.63
0.15	12.29	2.2	27.04
0.075	32.77	2.3	75.37
<0.075	32.77	4	131.08

假定沥青混合料中沥青均匀地裹覆在粗细集料及矿粉的表面，各种矿料所裹覆的沥青数量与其比表面积成正比，即相同比表面积的矿料裹覆等量的沥青，沥青砂浆中沥青与矿料之比（简称为油砂比）的计算过程如表 5-5 所示。

表 5-5　沥青砂浆中油砂比的计算

集料类型	粗集料	细集料	总量
集料用量/kg	71	29	100
表面积/m²	34.65	293.51	328.16
表面积比例	0.106	0.894	1
裹覆沥青量/kg	0.475	4.005	4.48
砂浆油砂比/%		13.8	

根据上文沥青砂浆矿料级配及油砂比的设计过程，最终获得沥青砂浆的配合比，如表 5-6 所示。

表 5-6　沥青砂浆配合比

级配类型	通过百分率/%						油砂比/%
	2.36	1.18	0.6	0.3	0.15	0.075	
Sup-20	100.00	62.07	82.76	84.48	92.41	92.07	13.8

(2)沥青砂浆蠕变试验。

沥青砂浆蠕变试验采用的试件尺寸为直径 100 mm，高度 100 mm 的圆柱体试件，如图 5-18 所示。本文采用静压成型方法制备沥青砂浆试件。由于沥青砂浆中沥青含量比较高，脱模比较困难，而且容易使试件变形甚至破坏，因此成型时试模内侧要涂抹脱模剂，脱模时将试模放入环境箱中 3 h，保证试件温度低于 10 °C 进行脱模。

图 5-18　沥青砂浆试件

借助 UTM-100 试验机进行单轴重复冲剪试验，获取 60 °C 条件下沥青砂浆试件轴向应变与加载次数之间的关系。将试验后的数据采用 1stopt 与 Origin 数值计算软件对试验数据进行拟合，获得宏观 Burgers 模型参数，如图 5-19 和表 5-7 所示。

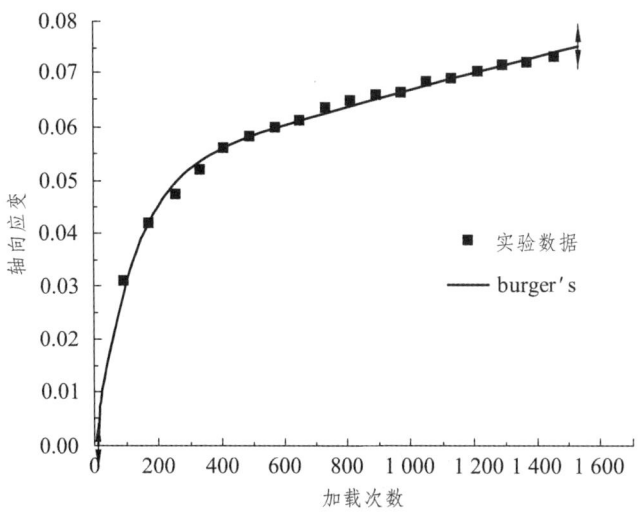

图 5-19　沥青砂浆单轴重复荷载蠕变曲线

表 5-7 重复加载条件下 Burgers 模型参数

级配类型	参数			
	E_1/MPa	E_2/MPa	η_1/(MPa·s)	η_2/(MPa·s)
Sup-20	4.315	1.119	0.043	9.433

根据重复加载蠕变试验得到沥青砂浆宏观 Burgers 模型参数以及宏观参数与微观参数之间的关系，即可获得 Burgers 微观接触模型参数，如表 5-8 所示，L 为两颗粒半径和。

表 5-8 重复加载试验 Burgers 接触模型微观参数

级配类型	微观参数							
	K_{mn}/(Pa·m)	K_{kn}/(Pa·m)	C_{mn}/(Pa·m·s)	C_{kn}/(Pa·m·s)	K_{ms}/(Pa·m)	K_{ks}/(Pa·m)	C_{ms}/(Pa·m·s)	C_{ks}/(Pa·m·s)
Sup-20	4.3E6.L	1.1E6.L	4.3E4.L	9.4E6.L	1.4E6.L	3.7E5.L	1.4E4.L	3.1E6.L

5.3 沥青混合料数值试验建模

设定好接触模型后，需要确定颗粒模型和建立数值试验模型，具体的过程如图 5-20 所示。

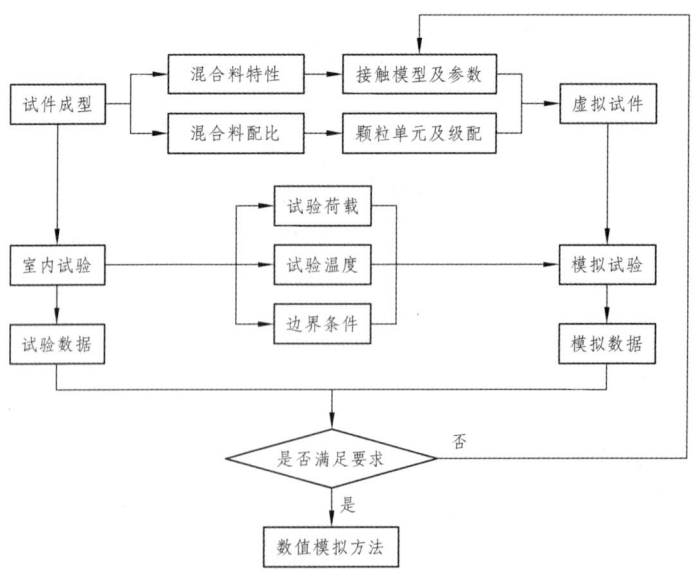

图 5-20 沥青混合料数值试验示意图

5.3.1 不规则颗粒生成

1. clump 生成理论

沥青混合料中粗集料颗粒形状是不规则的，为了使数值模拟更加真实，需要利用 PFC 软件提供的 clump 理论将小的圆形颗粒单元随机组合成大的不规则的"组合颗粒"单元，clump 理论为 PFC 模拟不规则颗粒提供了理论方法。由于 clump 是由多个球组成，则 clump 的质量、形心位置、惯性矩分别为

$$m = \sum_{p=1}^{N_p} m^{[p]} \tag{5-45}$$

$$x_i^{[G]} = \frac{1}{m} \sum_{p=1}^{N_p} m^{[p]} x_i^{[p]} \tag{5-46}$$

$$I_{ii} = \sum_{p=1}^{N_p} \left[m^p (x_j^{[p]} - x_j^{[G]})(x_j^{[p]} - x_j^{[G]}) + \frac{2}{5} m^{[p]} R^{[p]} R^{[p]} \right] \tag{5-47}$$

式中　$m^{[p]}$——颗粒质量；
　　　$R^{[p]}$——颗粒半径；
　　　$x_i^{[p]}$——clump 的形心位置；
　　　$x_i^{[G]}$——clump 的质心位置。

clump 的运动由作用于 clump 颗粒上的合力和矩向量决定。由于 clump 被看作是一个刚体，因此 clump 的运动可以用 clump 颗粒上一点的平动和 clump 的转动来描述。其平移方程为

$$F_i = m(\ddot{x}_i - g_i) \tag{5-48}$$

式中　F_i、g_i、m——作用于 clump 颗粒上的合力、由重力引起的体力加速度向量和 clump 的总质量；
　　　x_i——clump 的位置。

$$F_i = \sum_{p=1}^{N_p} \tilde{F}_i^{[p]} + \sum_{p=1}^{N_p} F_i^{[p,c]} \tag{5-49}$$

式中　$\tilde{F}_i^{[p]}$、$F_i^{[p,c]}$——作用于 p 颗粒上的外力和接触点 c 上的力。

clump 的转动方程为

$$M_i = \dot{H}_i \qquad (5\text{-}50)$$

式中 M_i——clump 质量中心的合力矩；

H_i——clump 角动量的时间变化率。

合力矩 M_i 可以由下式计算：

$$M_i = \sum_{p=1}^{N_p}(\tilde{M}_i^p + \epsilon_{ijk}(x_j^{[p]} - x_j^{[G]})F_k^{[p]} +$$

$$\sum_{c=1}^{N_c} \epsilon_{ijk}(x_j^{[c]} - x_j^{[p]})F_k^{[p,c]} \qquad (5\text{-}51)$$

式中 $\tilde{M}_i^p$——作用于颗粒 p 上的外力矩；

$F_k^{[p]}$——作用于颗粒上的合力；

$F_k^{[p,c]}$——作用于颗粒 p 接触点 c 处的力。

角动量的时间变化率表达式为

$$\dot{H}_i = \alpha_i I_{ij} - \alpha_j I_{ij} +$$

$$\epsilon_{ijk}\omega_j(\omega_k I_{kk} - \omega_l I_{kl}) \quad (j \neq i, \, l \neq k) \qquad (5\text{-}52)$$

此时 $\alpha_i = \dot{\omega}_i$。

平动和转动加速度有限差分表达式为

$$\ddot{x}_i^{(t)} = \frac{1}{\Delta t}[\dot{x}_i^{\left(t+\frac{\Delta t}{2}\right)} - \dot{x}_i^{\left(t-\frac{\Delta t}{2}\right)}] \qquad (5\text{-}53)$$

$$\dot{\omega}_i^{(t)} = \frac{1}{\Delta t}[\omega_i^{\left(t+\frac{\Delta t}{2}\right)} - \omega_i^{\left(t-\frac{\Delta t}{2}\right)}] \qquad (5\text{-}54)$$

将式（5-50）带入式（5-53），求得时间为 $(t+\Delta t/2)$ 的速度表达式为

$$\dot{x}_i^{\left(t+\frac{\Delta t}{2}\right)} = \dot{x}_i^{\left(t-\frac{\Delta t}{2}\right)} + \left(\frac{F_i^{(t)}}{m} + g_i\right)\Delta t \qquad (5\text{-}55)$$

得到

$$M_i - \epsilon_{ijk}\omega_j(\omega_k I_{kk} - \omega_l I_{kl})$$

$$= \alpha_i I_{ij} - \alpha_j I_{ij} \quad (j \neq i, \, l \neq k) \qquad (5\text{-}56)$$

写成矩阵形式为

$$\{M\} - \{W\} = [I]\{\alpha\} \tag{5-57}$$

其中：

$$[M] = \begin{Bmatrix} M_1 \\ M_2 \\ M_3 \end{Bmatrix}$$

$$[W] = \begin{Bmatrix} \omega_2\omega_3(I_{33}-I_{22}) + \omega_3\omega_3 I_{23} - \omega_2\omega_2 I_{32} - \omega_1\omega_2 I_{31} + \omega_1\omega_3 I_{21} \\ \omega_3\omega_1(I_{11}-I_{33}) + \omega_1\omega_1 I_{31} - \omega_3\omega_3 I_{13} - \omega_2\omega_3 I_{12} + \omega_2\omega_1 I_{32} \\ \omega_1\omega_2(I_{22}-I_{11}) + \omega_2\omega_2 I_{12} - \omega_1\omega_1 I_{21} - \omega_3\omega_1 I_{23} + \omega_3\omega_2 I_{13} \end{Bmatrix}$$

$$[I] = \begin{bmatrix} I_{11} & -I_{12} & -I_{13} \\ -I_{21} & I_{22} & -I_{23} \\ -I_{31} & -I_{32} & I_{33} \end{bmatrix}$$

$$[\alpha] = \begin{Bmatrix} \alpha_1 \\ \alpha_2 \\ \alpha_3 \end{Bmatrix} = \begin{Bmatrix} \dot{\omega}_1 \\ \dot{\omega}_2 \\ \dot{\omega}_3 \end{Bmatrix}$$

式（5-57）提供了三个方程，其中有6个未知量，这6个未知量可以通过下边的迭代过程实现：

（1）令 $n = 0$。

（2）令 ω_i^0 等于最初的角速度。

（3）解（5-57）方程得到 $\alpha_i^{[n]}$。

（4）在假定没有阻尼的情况下确定新的角速度

$$\omega_i^{[new]} = \omega_i^{[0]} + \alpha_i^{[n]} \Delta t \tag{5-58}$$

（5）将 ω_i 的估计值修改为

$$\omega_i^{[n+1]} = \frac{\omega_j^{[0]} + \omega_i^{[new]}}{2} \tag{5-59}$$

（6）令 $n = n+1$ 循环进行第（3）步。

数值试验表明经过四次迭代后就会收敛。

Clump 理论允许组合成颗粒的内部圆形颗粒间可以重叠，而且重叠量的多少没有限制，通过此理论可以根据需要组合成任意形状和尺寸的"组合颗粒"。在整个计算过程中，不考虑"组合颗粒"内部颗粒间的接触，"组合颗粒"形成后其颗粒性状及颗粒大小不会随外力的变化而变化，而且也不会在外力作用下而破裂。但是组合而成的颗粒之间及组合而成的颗粒与其他的颗粒单元间的接触、接触力不会受到影响，仍然满足力-位移定律及牛顿第二定律，也就是说每一个"组合颗粒"仍然是具有柔性边界的刚性多边形，并且在颗粒流模型"组合颗粒"中仍然被看作一个独立的颗粒单元。

2．多边形颗粒随机生成

本节依据蒙特卡洛方法，采用 PFC 软件内置的 FISH 语言开发并构建随机多边形颗粒模型。

（1）蒙特卡洛法理论简介。

蒙特卡洛方法（Monte Carlo Method），又称为随机抽样法、概率模拟法及统计试验法，是第二次世界大战中由美国参与研制原子弹的"曼哈顿计划"成员 S. M. 乌拉姆和 J. 冯. 诺伊曼提出，并以赌城"摩纳哥 Monte Carlo"来命名，它是在以概率统计理论为指导的基础上发展起来的一种数值模拟计算方法。

根据大数定律，假设 $x_1, x_2 \cdots x_n$ 是 n 个彼此之间相互独立的随机变量而且来自同一总体，其中均值及方差分别为 μ 和 σ，那么对于任意的 $\varepsilon > 0$ 有

$$\lim_{n \to \infty} p\left(\left|\frac{1}{n}\sum_{i=1}^{n} x_i - \mu\right| \geq \varepsilon\right) = 0 \quad (5\text{-}60)$$

另外，如果随机事件 A 发生的概率为 $P(A)$，则在 n 次独立的重复试验中，事件 A 发生的频数为 k，频率为 $W(A) = k/n$，则对于任意的 $\varepsilon > 0$ 有

$$\lim_{n \to \infty} p\left(\left|\frac{k}{n} - p(A)\right| < \varepsilon\right) = 0 \quad (5\text{-}61)$$

蒙特卡洛方法为从总体中随机抽取简单的样本进行抽样试验，如果抽取样本数量 n 足够大，并且 $(\sum x_i)/n$ 根据概率收敛于 μ，则频率 k/n 根据概率收敛于 $P(A)$，这就是蒙特卡洛方法的理论基础[106]。

依据蒙特卡洛方法建立随机多边形集料模型的基本思路为：① 依据颗粒形态，计算颗粒的边界、颗粒的位置、颗粒的方位角等有关颗粒形态特征参数，然后构建统计模型；② 依据统计模型，采用随机抽样方法，给颗粒形态特征的每个参数赋一个值；③ 依据颗粒形态特征的每个参数，利用 PFC 自带的 FISH 语言进行颗粒开发，构建随机多边形颗粒单元模型。

采用蒙特卡罗法产生满足一定分布要求的离散颗粒单元，首先要采用某种特定的算法产生该种分布的随机数，在数理统计上称为随机抽样。随机变量的不同分布对应的随机数序列也有所不同。但是就随机数产生过程而言，最基本的随机变量为在区间[0，1]上服从均匀分布。如果在区间[0，1]产生均匀的随机变量 x，然后经过变换 $x'=a+(b-a)x$，可求得均匀分布在[a，b]的随机变量 x'，那么由在区间[0，1]上均匀分布的随机变量的随机数就可以变换得到服从其他分布的随机变量的随机数。因此，在研究随机数产生方法时，只需要研究[0，1]上均匀分布随机变量的随机数产生方法即可。

（2）多边形颗粒随机生成。

由于多边形更能够反映沥青混合料中集料的不规则特性对沥青混合料性能的影响，因此借鉴文献[107,108]提供的不规则颗粒的生成方法生成不规则多边形。多边形由多边形边数、极半径以及极角等参数确定，如图 5-21 所示。

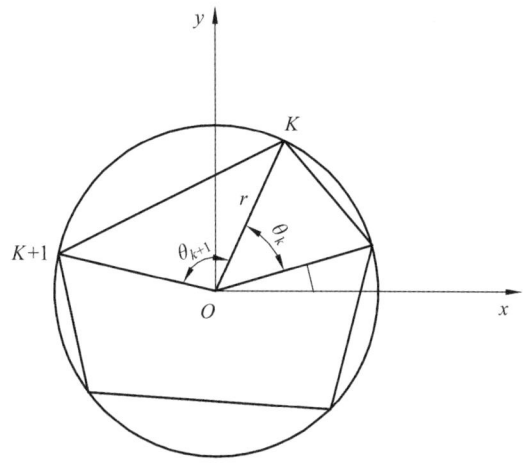

图 5-21　圆内接多边形颗粒

生成不规则颗粒之前先要按照级配生成圆盘颗粒，圆盘颗粒的半径为

$$r = r_1 + (r_2 - r_1)\alpha \qquad (5-62)$$

式中　r_1——某一粒径组粒径的下限；

　　　r_2——某一粒径组粒径的上限；

　　　α——区间[0，1]上的随机数。

利用极坐标确定多边形的顶点

$$\theta_k = 2\pi[1+(2b_k-1)\delta]/n \qquad (5-63)$$

式中　θ_k——第 k 边的对角；

　　　b_k——区间[0，1]上的随机数；

　　　δ——小于 1 的常数；

　　　n——多边形的边数。

因为 n 个 θ_k 之和往往不等于 2π，因此为了确保多边形是闭合的，需要对 θ_k 进行修正：

$$\bar{\theta}_k = \theta_k \left(\frac{2\pi}{\sum_{j=1}^{n} \theta_j} \right) \qquad (5-64)$$

生成的多边形的顶点坐标为

$$x_k = x_0 + r\cos(\alpha + \theta') \qquad (5-65)$$

$$y_k = y_0 + r\sin(\alpha + \theta') \qquad (5-66)$$

$$\theta' = \sum_{k=1}^{n} \bar{\theta}_k \qquad (5-67)$$

式中　α——颗粒方位的相角，它是 $0 \sim \pi/2$ 均匀分布的随机数；

　　　x_0——多边形外接圆圆心的横坐标；

　　　y_0——多边形外接圆圆心的纵坐标。

（3）不规则多边形侵入关系的判别标准。

在模型投放随机多边形颗粒时，为避免随机多边形颗粒间出现重叠，

需对其相互侵入关系进行判别,如图 5-22。对于随机多边形 P 和 Q,当其满足以下条件时,二者必定相离:① P 的任意顶点均不在 Q 中;② Q 的任意顶点均不在 P 中;③ P、Q 的任意两条边(线段)均不相交。具体的生成过程如图 5-23 所示。

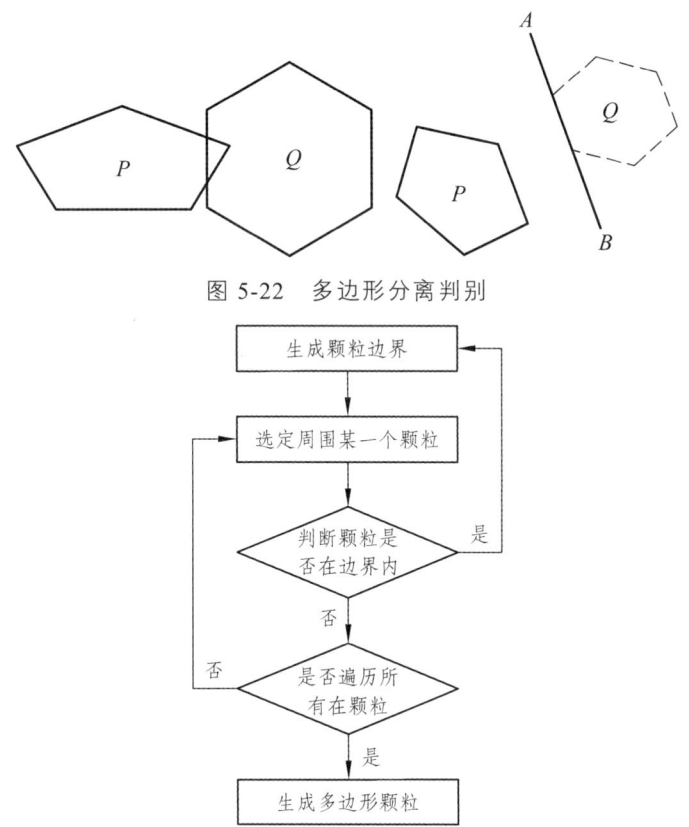

图 5-22　多边形分离判别

图 5-23　判断颗粒边界是否相交流程图

(4)生成不规则集料的基本步骤。

根据上文的假设,采用随机分布函数来描述平面的分布以及集料形状,生成任意形状多边形集料的步骤为:

① 获取集料形心所在位置在平面区域内的随机分布函数和集料尺寸的随机分布函数。

② 按照混合料级配在设定好的平面区域内随机产生圆盘单元,并把相应集料的物理参数赋予它们。

③ 获取圆盘单元的几何（形心和半径）与物理信息（密度、刚度等）。

④ 产生多边形集料，其算法按照以下方法进行：

a. 根据上文假设条件，假定混合料中的集料为多边形，而多边形的外接圆 C 即为圆盘的外边界。

b. 随机产生一个大于 3 的整数 n，将其作为多边形的边数。

c. 在外接圆 C 上根据随机产生的整数 n 产生 n 个点，并按顺序将各点连接起来形成一个封闭的多边形。

d. 用颗粒单元填充形成的多边形，将物理属性赋予形成多边形的颗粒单元。

⑤ 集料级配的检验与调整

多边形集料生成后，需要检验数值集料与实际集料级配的差异性，并进行调整：

a. 级配的检验：将每个级配范围内的多边形数值集料分离出来，并计算出各个级配数值集料的质量百分率。将此百分率与实际级配进行比较，确定生成级配是否满足条件。

b. 级配的调整：如果生成的级配满足要求则保留原级配不需要调整；否则，对生成级配进行相应的调整。

5.3.2 沥青混合料二维离散元数值试件生成

要进行数值试验首先要建立数值模型，沥青混合料 DEM 数值模型的建立是进行数值试验的基础。数值模型主要包括两部分：接触本构模型和物理模型。接触本构模型要能够真实地模拟沥青混合料细微观结构间的相互作用；物理模型要能够真实地反映沥青混合料中粗集料、沥青砂浆及孔隙等组成结构。二维离散元数值试件生成程序如图 5-24 所示。

物理模型的生成关键在于级配颗粒的生成，本文采用的是不规则级配颗粒，因此分两步进行，首先生成级配圆形颗粒（二维），主要的代码如下。

```
def granulometry
    global exptab =table.create('experimental')
    table(exptab, 1.18e-3)=0.213
    table(exptab, 2.36e-3)=0.286
    table(exptab, 4.75e-3)=0.36
```

        table(exptab, 9.5e-3)=0.595
        table(exptab, 13.2e-3)=0.91
        table(exptab, 16e-3)=1
end
@granulometry
[dmin=0.001]
ball distribute...
    box [-xx] [xx] [-yy] [yy]...
    porosity 0.01...
    numbin 6...
    bin 1...
        radius [0.5*dmin] [0.5*table.x（exptab，1）]...
        volumefraction [table.y（exptab，1）]...
    bin 2...
        radius [0.5*table.x(exptab, 1)] [0.5*table.x(exptab, 2)]...
        volumefraction [table.y(exptab, 2)-table.y(exptab, 1)]...
    bin 3...
        radius [0.5*table.x(exptab, 2)] [0.5*table.x(exptab, 3)]...
        volumefraction [table.y(exptab, 3)-table.y(exptab, 2)]...
    bin 4...
        radius [0.5*table.x(exptab, 3)] [0.5*table.x(exptab, 4)]...
        volumefraction [table.y(exptab, 4)-table.y(exptab, 3)]...
    bin 5...
        radius [0.5*table.x(exptab, 4)] [0.5*table.x(exptab, 5)]...
        volumefraction [table.y(exptab, 5)-table.y(exptab, 4)]...
    bin 6...
        radius [0.5*table.x(exptab, 5)] [0.5*table.x(exptab, 6)]...
        volumefraction [table.y(exptab, 6)-table.y(exptab, 5)]

生成圆形颗粒后，按照上文介绍的算法，通过捕捉圆形颗粒生成不规则多边形，然后在不规则多边形内部填充均一的微小圆形颗粒，生成clump，最后根据要求的空隙率随机删除部分微小圆形颗粒。

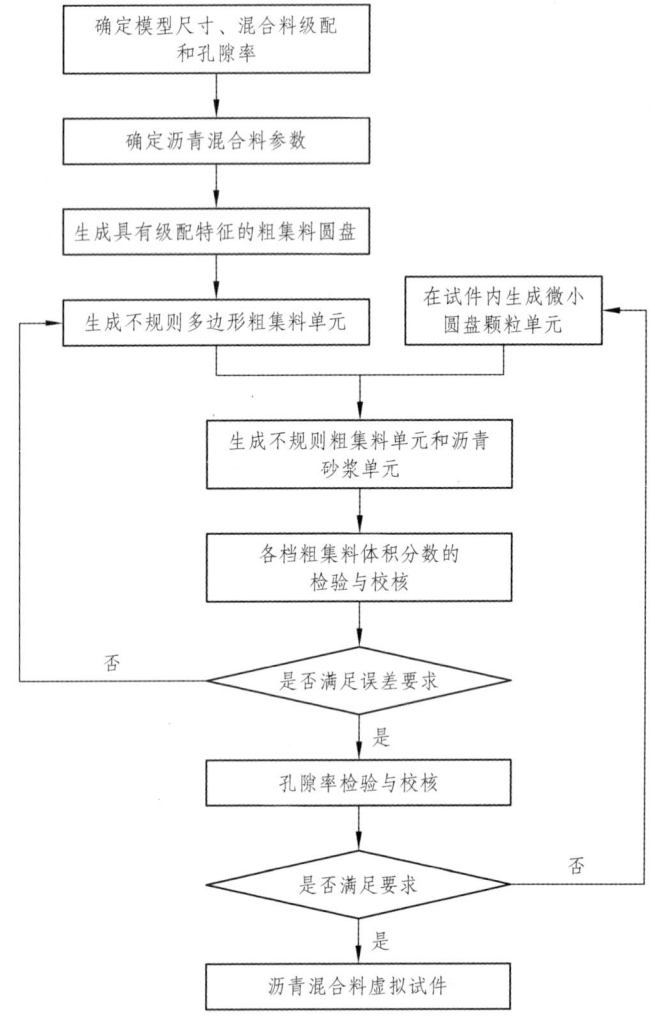

图 5-24 数值试件生成流程图

5.4 本章小结

借助 PFC 软件提供的用户接口开发了 Burgers 接触模型,并通过对 PFC 内置的接触模型进行对比分析,对沥青混合料内部各接触单元的接触模型进行了设置,开发了二维不规则集料颗粒,建立了二维数值试件,具体总结如下:

（1）在蒙特卡洛方法理论的基础上，利用 PFC 内置的 FISH 语言开发了随机多边形集料模型。

（2）依据胶浆理论，通过对沥青混合料中粗集料、沥青砂浆和空隙的分析，确定了各个颗粒单元之间的接触模型，开发了 Burgers 接触模型，建立了数值试验模型。

6 基于细观组构的沥青混合料冲击剪切变形分析

沥青路面在荷载作用下剪切破坏规律可以通过室内试验对沥青混合料在荷载作用下力-位移之间的关系来表征,然而室内宏观试验无法揭示引起沥青混合料剪切破坏的本质原因。离散元法将研究对象划分为有限数量的颗粒单元,可以从微细观角度研究颗粒单元在力的作用下力-位移关系及其运动轨迹。因此,通过离散元可以分析沥青混合料中颗粒单元在力的作用下力-位移的演化规律。

上一章通过 PFC 软件建立了沥青混合料二维的数值试件,设置及开发了颗粒单元间的接触模型。在以上研究的基础上,根据室内试验施加相关的边界条件即可进行数值模拟。模拟过程中需要对数值试验参数进行校准,确保模拟结果与室内试验结果之间的误差在允许的范围之内。本章首先对建立的数值模型进行模拟与验证,满足精度要求后,进一步研究单调剪切荷载作用下,粗集料含量、孔隙率以及级配对沥青混合料剪切变形影响规律,从组构理论角度研究沥青混合料颗粒之间接触法向、法向接触力及切向接触力在单调剪切荷载及重复剪切荷载作用下演变规律,从微细观角度揭示沥青混合料在冲击剪切荷载作用下的破坏机理。

6.1 数值试验参数确定

影响数值试验运行速度和精度的因素主要有沥青混合料数值模型离散单元尺寸和计算时步大小的选取。

6.1.1 时步确定

计算时时步过大,计算时的精度比较差,其稳定性也会降低。相反,计算时步过小,精度比较好,但模拟时间比较长。在离散元法模拟中,为了提高计算速度,在保证计算精度的前提下,尽量选取较大的时步。现有研究成果指出[109],计算时步受几何和物理等方面影响。在几何方面,任何一个计算时步内,任意两个接触的颗粒单元不能够在两者圆心的轴线方向上贯穿;在物理方面,任何一个计算时步内,颗粒单元的动量转移均不能超过这个颗粒在整个计算过程中产生的动量转移的总和。目前普遍认为,计算时步取决于模型中离散单元的最大刚度 k_{max} 和最小质量 m_{min},即按式(6-1)计算。

$$\Delta t = \lambda \sqrt{\frac{m_{min}}{k_{max}}} \qquad (6\text{-}1)$$

λ 的取值方法主要包括以下几种[110, 111]:

$$\lambda = n_i \ (n_i \text{ 取 } 0.1 \text{、} 0.2 \text{、} 0.2\pi)$$

因此,根据模型中颗粒单元的最小质量及颗粒单元间接触的最大刚度,通过式(6-1)即可得到目标计算时步在 $10^{-6} \sim 10^{-5}$ s[111]。

6.1.2 离散单元尺寸

沥青混合料离散元模型是由半径相等的小颗粒单元构成。通过对这些小颗粒进行分组、赋予接触参数,使其能够表征砂浆和集料的几何及力学特性。由于数值模型中所显示的集料粒径最小为 1.18 mm,因此数值模型颗粒单元直径需小于 1.18 mm,否则无法描述 1.18~2.26 mm 集料的几何特性。但颗粒单元的直径越小,计算效率越低,而计算精度没有明显变化。本文以冲击剪切试验数值模型为例,比较了使用不同直径(1 mm、0.5 mm、0.25 mm 和 0.1 mm)的离散单元数值模型的模拟结果和计算时间。最终在兼顾计算精度以及计算效率的前提下确定颗粒单元的直径为 1 mm。

6.2 试验温度及加载方式选取

本书主要研究沥青混合料在冲击剪切荷载作用下的变形特性,夏天路面温度可达到 60 ℃左右,因此按照试验温度为 60 ℃时沥青混合料的变形特性进行模拟。单调剪切变形试验采用位移加载方式,加载速率为 10 mm/min。在进行重复冲剪变形试验时,采用半正矢波间歇荷载来模拟路面所受到的来自车轮的冲击荷载[112],加载时间为 t_0,荷载的间歇时间为 t_d,加载时的周期为 T,如图 6-1 所示。

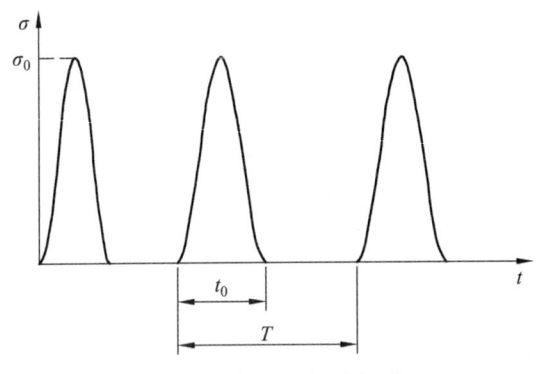

图 6-1 半正矢间歇加载

半正矢波荷载的表达式为

$$\sigma_0 = \begin{cases} \sigma_0 \sin \dfrac{\pi t}{t_0} & 0 \leqslant t \leqslant t_0 \\ 0 & t_0 < t < t \end{cases} \quad (6\text{-}2)$$

式中 σ_0——半正矢波荷载峰值,取 0.7 MPa;

t_0——加载时间,取 0.1 s;

t_d——间歇时间,取 0.9 s;

T——加载周期,$T = t_0 + t_d$,周期 T 为 1 s。

6.3 数值试验及验证

6.3.1 数值试验模型的确定

数值模型包括两大部分:物理模型和细观接触模型。接触模型前几章已经详细说明。物理模型的构建可以分为 3 个过程：生成几何尺寸的墙体、填充级配颗粒及根据孔隙率生成孔隙，见图 6-2～图 6-4 所示。

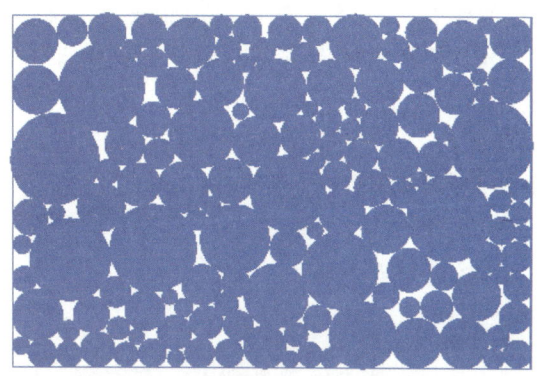

图 6-2　生成圆形级配颗粒示意图

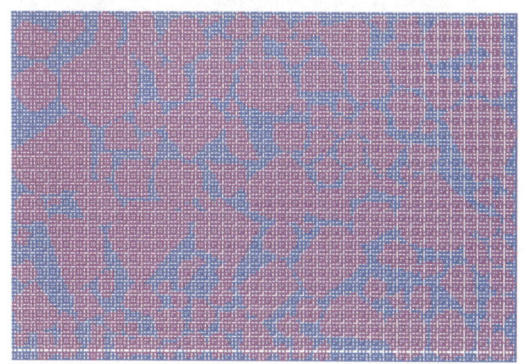

图 6-3　生成集料和沥青砂浆示意图

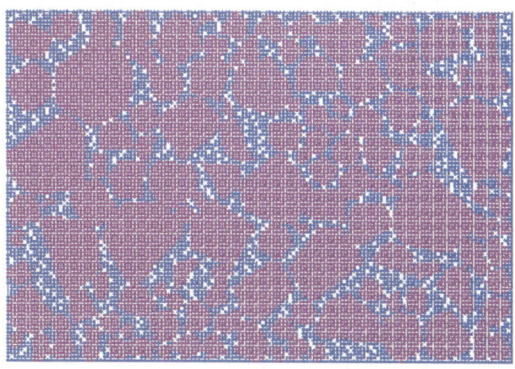

图 6-4　生成空隙示意图

为了准确模拟沥青混合料试件实际状态,沥青混合料圆柱试件的几何模型由随机产生的不规则颗粒组成,圆柱体试件的直径为 150 mm,高为 100 mm。模拟的沥青混合料类型为 Sup-20 沥青混合料,集料粒径范围取 1.18~26.5 mm。根据前几章的研究结论,压头直径取 47.5 mm。模拟过程中数值模型中的油石比、集料的级配、材料的密度以及空隙率等参数均与室内试验保持一致。模拟中虚拟的空隙通过随机删除部分颗粒单元产生,如图 6-5 所示。

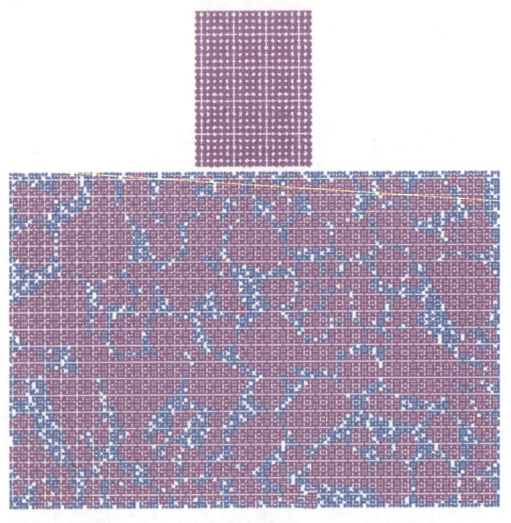

图 6-5 冲击剪切试验模型

本节基于沥青混合料二维结构进行冲击剪切数值模拟试验,模拟沥青混合料在 60 ℃ 条件下试验状况。数值试验与室内冲击剪切试验条件保持一致,采用位移加载模式,加载速率为 10 mm/min。上文对相关参数进行了初步的确定,设定的参数比较多,模型参数还需要采用试错法反复调整,直到数值试验结果与室内试验结果相比达到允许的误差范围为止。

6.3.2 单调剪切试验验证

为了验证二维数值冲剪试验的可靠性,随机生成 4 个相同混合料类型的离散元试件进行数值冲剪试验,模拟 60 ℃ 条件下 Sup-20 沥青混合料在单调剪切荷载作用下的破坏情况,并与室内试验进行了对比,如图 6-6 和图 6-7 所示。

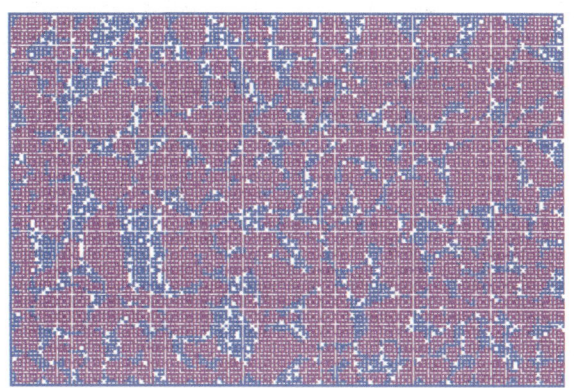

（a）试件 A

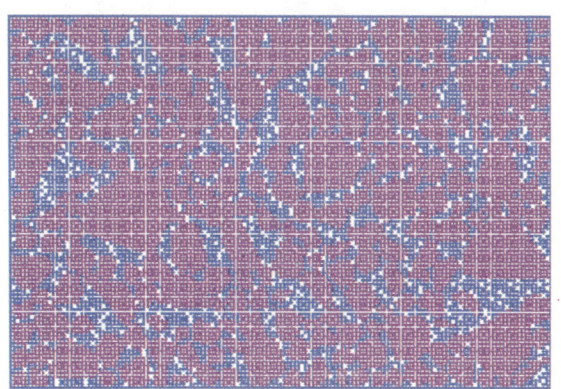

（b）试件 B

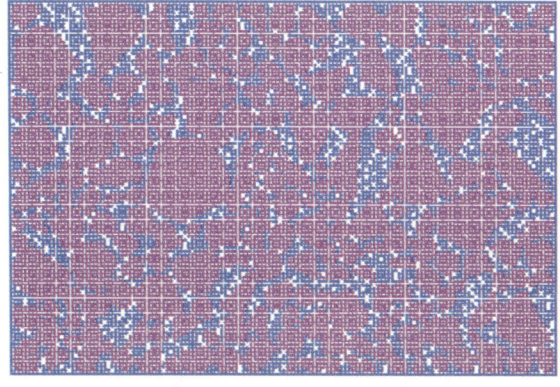

（c）试件 C

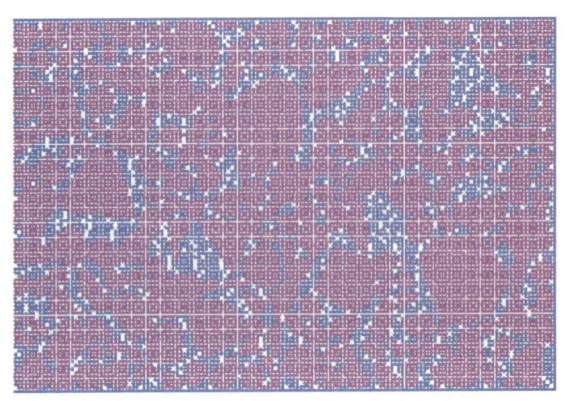

（d）试件 D

图 6-6　Sup-20 沥青混合料数值试件

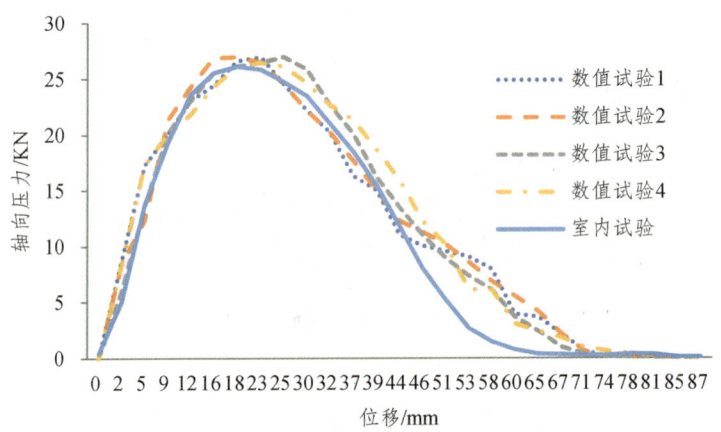

图 6-7　室内试验与数值试验对比图

由图 6-7 可以看出，数值试验的计算结果与室内试验结果吻合得比较好，同时也验证了材料参数设定比较准确。从图 6-7 可以看出数值试验模拟结果与室内试验相比，峰值应力对应的位移要大一些，主要是因为模拟时将 1.18 mm 以下的颗粒都计为沥青砂浆，增加了沥青混合料的黏弹性，起到了一定的润滑作用，但不影响试验的精度，可以用来进行室内试验的模拟。

为了进一步分析数值试验结果的均匀性，对试验结果进行分析，通过式（6-3）计算变异系数。

$$C_v = \sigma/\mu \qquad (6\text{-}3)$$

式中　σ 和 μ——数据的方差和均值。

在试验结果分析的基础上,分别计算了三个级配的室内试验和数值试验结果的变异系数,如表 6-1 所示。

表 6-1　不同加载速率下试验结果离散性分析

混合料类型	室内试验变异系数			数值试验变异系数		
	2 mm/min	6 mm/min	10 mm/min	2 mm/min	6 mm/min	10 mm/min
Sup-13	4.02%	5.19%	5.3%	3.3%	4.12%	4.53%
Sup-20	4.65%	4.2%	5.42%	4.05%	4.2%	4.28%
Sup-25	6.5%	6.37%	6.99%	4.8%	4.9%	4.96%

从表 6-1 可以看出,随着加载速率的增大,无论是室内试验还是数值试验,试验结果的离散程度都在增大。从整体上来看,除了个别数据外,数值试验得出的结果其离散程度比实测的要低一些。数值试验结果的离散系数都小于 5%。其主要原因是通过计算机自动生成的数值试件试验条件比较统一,而且更好控制,人为因素影响比较小。而室内试验试件成型时混合料不均匀,温度的控制不一致,个别颗粒存在缺陷等因素都会影响试验结果,造成试验数据离散性比较大。

根据以上分析可以得出:数值试验可以模拟室内冲击剪切破坏规律,而且其变异性低于实测结果,数值冲剪试验方法可以用于进行沥青混合料剪切破坏分析。

6.3.3　重复剪切试验验证

与单调剪切试验验证相似,利用图 6-6 随机生成 4 个相同混合料类型的离散元试件并进行重复冲剪试验,模拟 Sup-20 沥青混合料在 60 ℃条件下重复剪切变形情况,并与室内试验进行对比分析,如图 6-8 所示。图中轴向应变为每个半正矢间歇荷载作用下周期末的轴向应变值。

由图 6-8 可以看出,重复剪切条件下数值试验结果与室内试验结果相吻合,虽然两者有一定的差异,但能够满足精度要求,能够较准确地模拟沥青混合料在冲剪荷载作用下的变形性能,可以作为沥青混合料剪切变形性能分析的辅助手段。

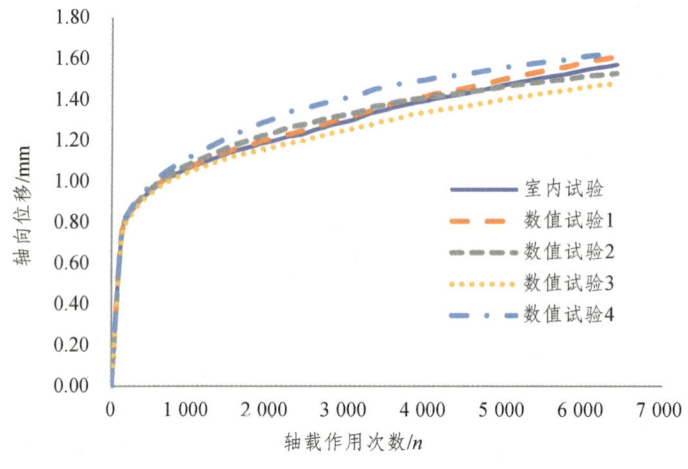

图 6-8 室内试验与数值试验对比图

6.4 单调剪切宏观力学分析

6.4.1 粗集料含量影响分析

沥青混合料中粗集料（4.75 mm 以上）含量比较多，粗集料的组成结构很大程度上决定了沥青混合料抗剪切性能。为此，从粗集料在混合料中所占的比例入手，研究 Sup-20 沥青混合料中粗集料含量对沥青混合料单调剪切性能的影响。

借鉴填充理论和 Superpave 级配范围确定出三条比较合理的矿料级配，关键筛孔（4.75 mm）的通过率分别为 39.3%、42.5% 和 45.8%，如表 6-2 和图 6-9 中级配二、级配三和级配四所示。级配一和级配五是《公路沥青路面施工技术规范》中 AC-20 级配范围的上限和下限，关键筛孔通过率分别为 26% 和 56%。

表 6-2 不同级配各筛孔通过百分率

Sup-20 级配	通过百分率										
	26.5	19	16	13.2	9.5	4.75	2.36	1.18	0.6	0.3	0.15	0.075
级配一	100.0%	90.7%	78.1%	62.1%	50.5%	26.4%	15.9%	12.1%	8.7%	5.3%	4.1%	3.0%
级配二	100.0%	92.5%	84.9%	72.9%	62.0%	39.3%	26.0%	16.0%	11.0%	7.3%	4.8%	3.0%
级配三	100.0%	92.9%	85.7%	74.3%	64.1%	42.5%	29.0%	18.0%	13.0%	8.5%	6.3%	4.0%

续表

Sup-20 级配	通过百分率											
	26.5	19	16	13.2	9.5	4.75	2.36	1.18	0.6	0.3	0.15	0.075
级配四	100.0%	93.3%	86.5%	75.8%	66.1%	45.8%	32.0%	20.0%	15.0%	10.0%	7.8%	5.0%
级配五	100.0%	100.0%	92.6%	79.8%	72.1%	56.5%	44.2%	33.0%	24.1%	17.3%	13.1%	7.2%
推荐上限	100%	100%	90%	81%	70%	49%	35%	22%	17%	14%	10%	6%
推荐下限	100%	90%	80%	68%	57%	36%	23%	14%	9%	5%	3%	2%
限制区	—	—	—	—	—	—	34.6%	22.3%	16.7%	13.7%	—	—
	—	—	—	—	—	—	34.6%	28.3%	20.7%	13.7%	—	—
控制点	—	90%	—	90%	—	—	23%	—	—	—	—	2%
	—	100%	—	—	—	—	49%	—	—	—	—	8%

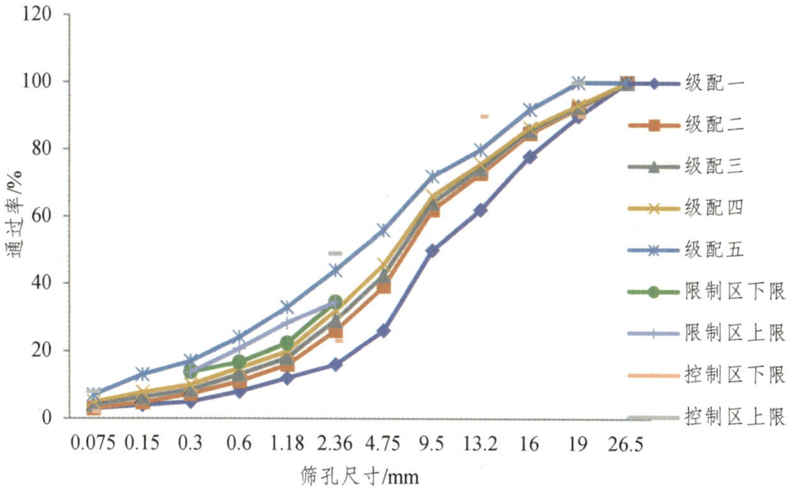

图 6-9　级配曲线

根据设计的 5 条不同粗集料级配，生成 5 组沥青混合料数值试件。对上述 5 组试件，以加载速率为 10 mm/min 进行数值试验。为了防止空隙对混合料性能的影响，在进行粗集料含量对沥青混合料冲击剪切变形性能影响时没有考虑空隙，如图 6-10 所示。

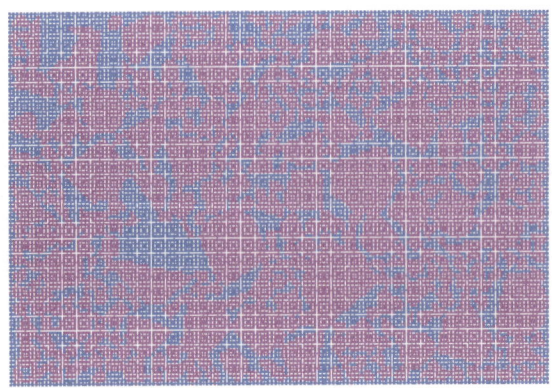

（a）4.75 mm 筛孔的通过率 26%

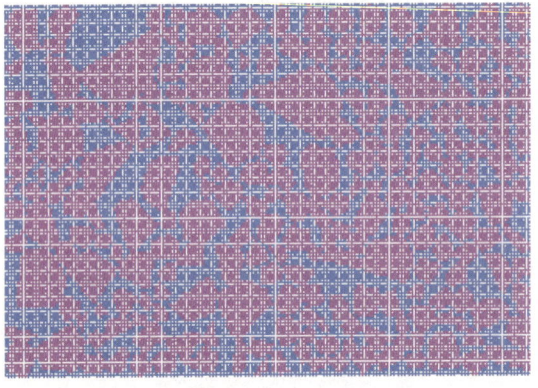

（b）4.75 mm 筛孔的通过率 39.3%

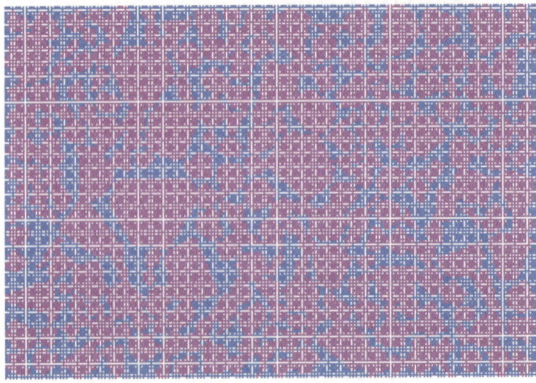

（c）4.75 mm 筛孔的通过率 42.5%

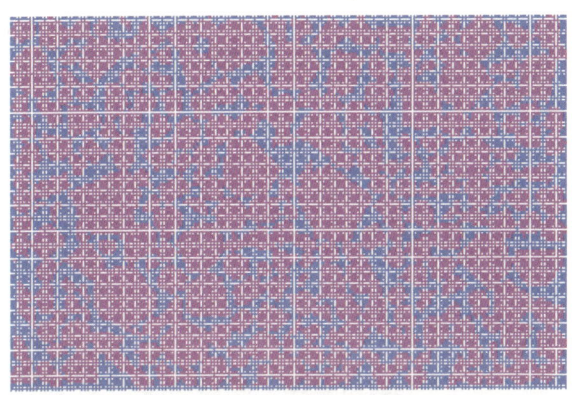

(d) 4.75 mm 筛孔的通过率 45.8%

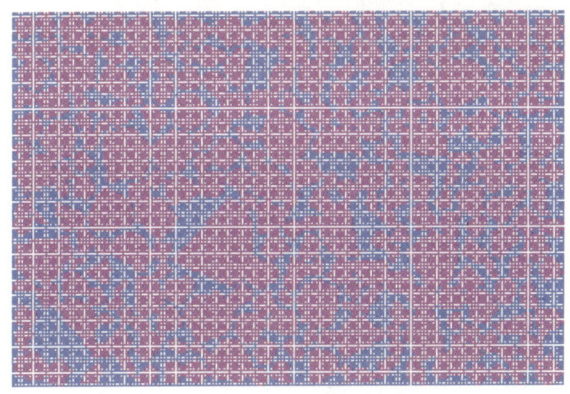

(e) 4.75 mm 筛孔的通过率 56%

图 6-10　不同粗集料含量试件示意图

根据已经建立的二维数值试件，进行冲击剪切试验，试验结果如图 6-11 所示。由图 6-11 可以看出，粗集料含量为 74% 时的轴向力最大。从整体上来看，粗集料含量从 44% 增加到 74%，冲击剪切轴向力峰值随着粗集料含量的增大而增大。

6.4.2　孔隙率影响分析

沥青混合料是由沥青、集料和空隙组成的三相介质。根据大量的研究可知，空隙率大小对沥青混合料性能影响比较大。对于二维数值试件来说，空隙率可以定义为二维数值试件中的空隙面积占整个数值试件面积的百分数。孔隙率可以通过在二维数值试件中删除一定数量的砂浆单元来实现。

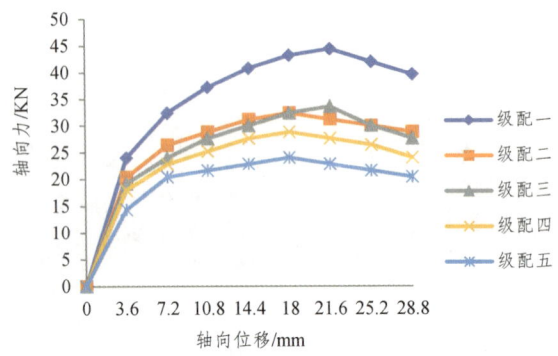

图 6-11 不同级配冲击剪切试验结果

采用不同的空隙率进行模拟，空隙率分别为 0%、2%、4% 和 6%。生成的空隙在混合料内部随机分布，空隙直径大小均为 1 mm，如图 6-12 ~ 图 6-15 所示。混合料仍采用前文所述的 Sup-20 沥青混合料，试验时加载速率为 10 mm/min，试验结果如图 6-16 所示。

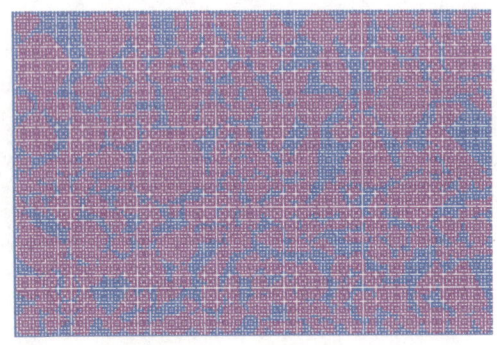

图 6-12 空隙率 0%

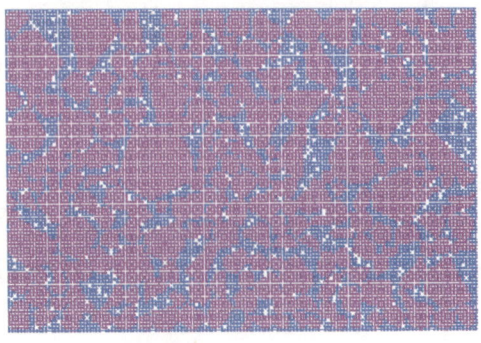

图 6-13 空隙率 2%

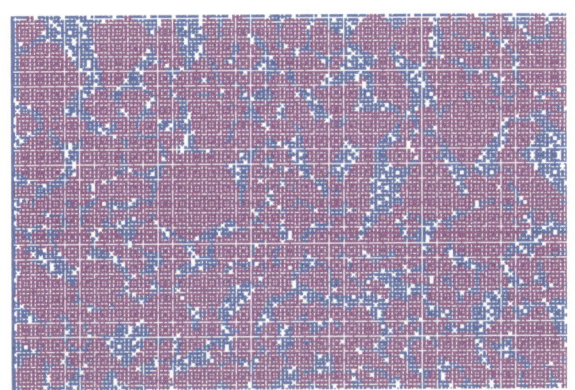

图 6-14　空隙率 4%

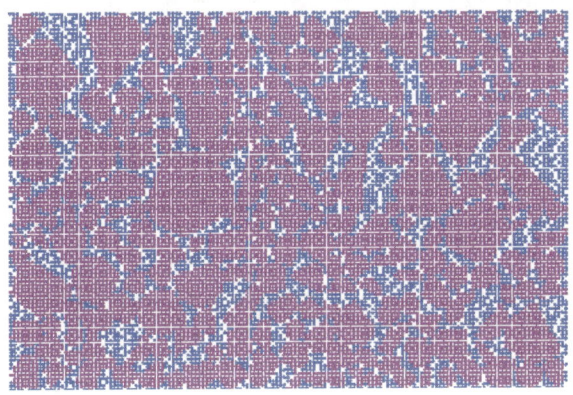

图 6-15　空隙率 6%

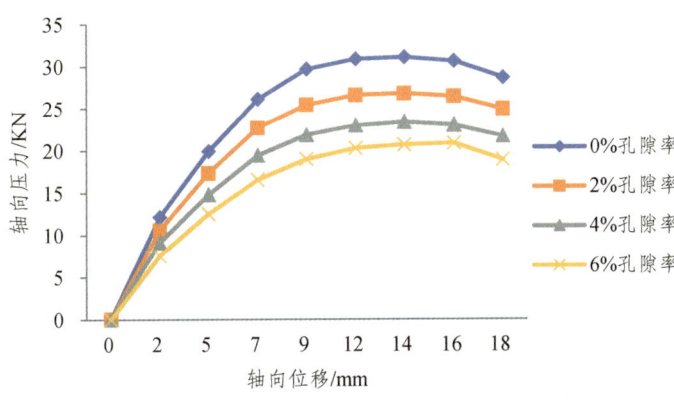

图 6-16　空隙率影响规律

从图 6-16 可以得出,空隙率为 2%、4%、6% 时,沥青混合料破坏时轴向压力峰值分别较空隙率为 0% 时减少了 13.86%、24.63% 和 32.84%;随着空隙率的增大,轴向压力峰值逐渐减小。这表明沥青混合料内空隙率对沥青混合料冲击剪切性能的影响十分显著。

6.4.3 级配影响分析

对于沥青混合料来说,级配相当于它的骨骼,级配好坏直接影响着沥青混合料的高温性能、低温性能和耐久性。选取室内试验所采用的级配建立沥青混合料数值模型,研究级配变化对沥青混合料剪切变形性能的影响。采用的级配曲线如表 6-3 所示,数值模型如图 6-17～图 6-19 所示。不同级配进行冲击剪切试验,试验结果如图 6-20 所示。

表 6-3 不同级配各筛孔的通过率

筛孔尺寸/mm	31.5	26.5	19	16	13.2	9.5	4.75	2.36	1.18	0.6	0.3	0.15	0.075
Sup-13	100.0%	100.0%	100.0%	100.0%	94.7%	74.8%	46.2%	32.3%	22.3%	14.4%	8.6%	6.1%	4.9%
Sup-20	100.0%	100.0%	92.9%	85.7%	74.3%	64.1%	42.5%	29.0%	18.0%	13.0%	8.5%	6.3%	4.0%
Sup-25	100.0%	98.4%	84.9%	78.7%	68.9%	54.7%	39.3%	25.4%	17.8%	12.3%	8.1%	5.9%	3.9%

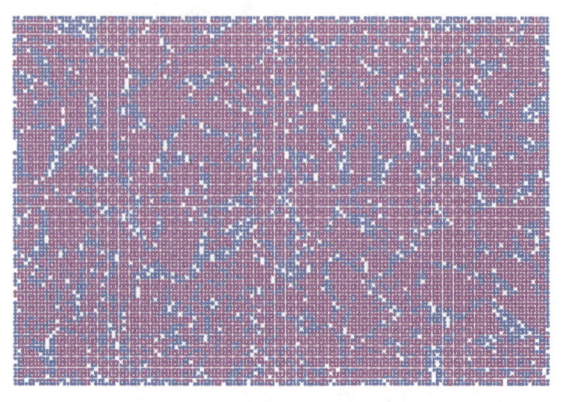

图 6-17 Sup-13 沥青混合料

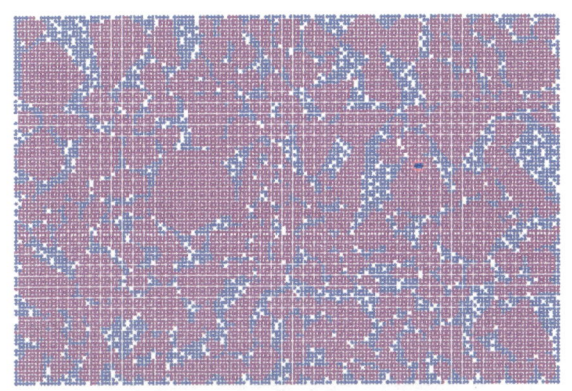

图 6-18　Sup-20 沥青混合料

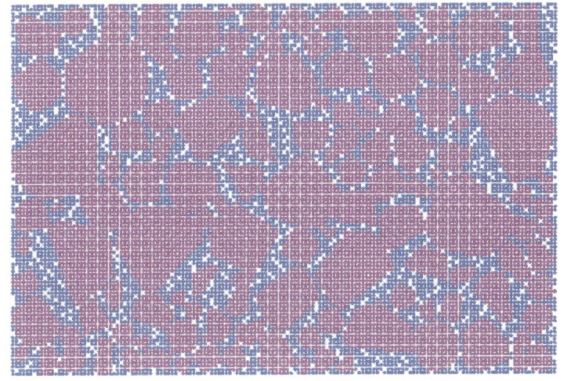

图 6-19　Sup-25 沥青混合料

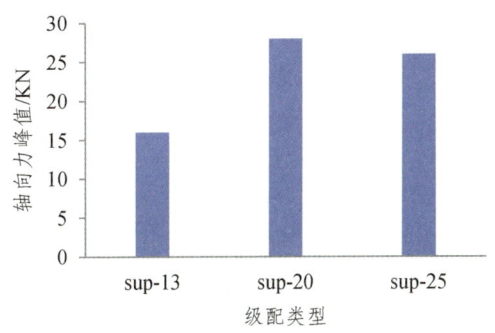

图 6-20　冲击剪切试验模拟结果示意图

由图 6-20 可以得出,沥青混合料类型由 Sup-13 变为 Sup-20,抗冲击剪切性能有了很大的提高,而沥青混合料类型由 Sup-20 变为 Sup-25,抗冲击剪切性能略有降低，这与室内试验结果相似。通过数值模拟可以得出，对于 Superpave 沥青混合料抗冲击剪切性能随着公称最大粒径的增大先增大后减小。

6.5 沥青混合料剪切变形演化分析

沥青混合料在荷载作用下会引起微观组构的变化，并表现出复杂的各向异性。微观组构对沥青混合料的强度、变形等力学特性影响比较显著。为了揭示沥青混合料在荷载作用下变形的微观机理，引进了微观组构的分析方法。

6.5.1 组构定义

组构是在颗粒体系中针对微细观结构的描述，在岩土工程领域利用组构理论对颗粒材料中微细观结构进行了大量的研究，并取得了许多成果。

奥地利土壤学家、土壤微观形态学的创始人 W. L. Kubiena 于 1938 年首次提出微观组构的概念。在他编写的《微观土壤学》著作中将微观组构定义为：微观组构是指土中的基质和骨架等要素相互之间的排列及其相互之间的联系。为了定量分析，研究者们引入了组构参数（fabric parameters）[113]、组构张量（fabric tensor）[114]等概念。2001 年 Ng[113] 进一步将微观组构参数分成标量型参数（scalar-type parameters）和矢量型参数（vector-type parameters）两大类，标量型参数包括颗粒形状、颗粒尺寸、接触数、孔隙比等，矢量型参数包括接触矢量、接触法向和颗粒定向等。

近年来随着试验设备和数值计算方法的进展，研究者发现颗粒材料的细观组构对材料宏观力学性能影响很大。研究发现颗粒材料本身的强度对材料的宏观力学性能影响比较大，而颗粒之间的相互作用及颗粒间的排列方式等因素对材料的宏观力学性能影响更大。Chantawarangul[115] 指出颗粒材料的细观表征可以更为真实地描述颗粒材料在承受剪切荷载过程中的物理演化过程及力学行为。

因此，针对颗粒材料微观组构的分析，对研究颗粒材料力学性能具有很重要的作用，通过微观组构的研究可以较好地分析颗粒材料的力学行为演化过程，能较好地分析材料宏观力学行为演变的机理，并且可以预测复杂颗粒材料的力学行为。

6.5.2 组构要素分析

组构研究的主要内容是研究颗粒材料空间排列以及颗粒间的相互作用关系。组构的要素组成包括颗粒之间的相互关系、颗粒本身的形状参数以及孔隙形态三个方面。其要素组成如图 6-21 所示。

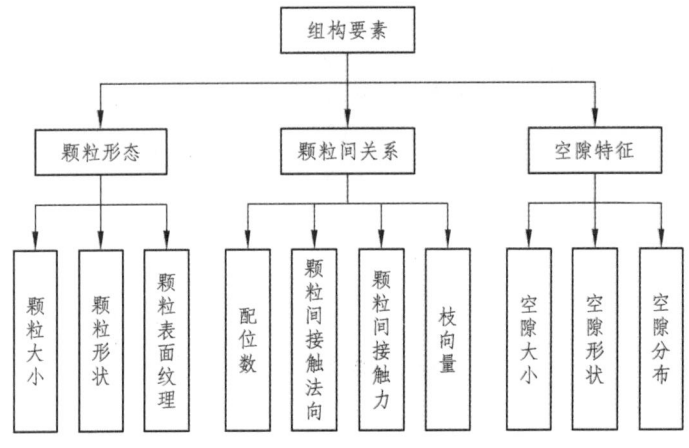

图 6-21 组构要素组成示意图

配位数是指与某个颗粒相接触颗粒的个数；枝向量是指相互接触颗粒的几何中心之间的连线，包括枝的空间定向及枝长分布密度；颗粒间的接触力包括力的大小和方向；接触法向是指颗粒之间相互接触处的外法线的方向余弦。

最初，研究者研究微观力学特性是通过制造一些理想的光弹颗粒，加载分析颗粒之间接触力的方向和大小，通过光弹试验发现力的传递方向与外部加载方向一致，并且通过颗粒链进行传递。大量研究成果表明，颗粒间接触的特性决定了颗粒材料的力学行为。对于颗粒类的材料，在外界荷载作用下，试样所表现出来的宏观力学特性以及变形特性跟其内部的微观组构演变规律是密切相关的。为了分析颗粒在荷载作用下的冲击剪切变形规律，结合离散元研究沥青混合料内部颗粒在荷载作用下接触法向、法向接触力以及切向接触力等组构要素的演变规律，进一步揭示沥青混合料剪切变形的机理。

1. 接触法向

前文已经分析，施加于颗粒体上的力通过颗粒间的接触相互传递，并且经过大量研究表明加载过程中颗粒间接触法向及其演变发展规律可以量化。

接触法向采用接触法向量来表示，它是指垂直于接触点处切平面的单位向量 n_c，它可以采用平面极坐标柱状图的分布来进行表示，如图 6-22 所示。

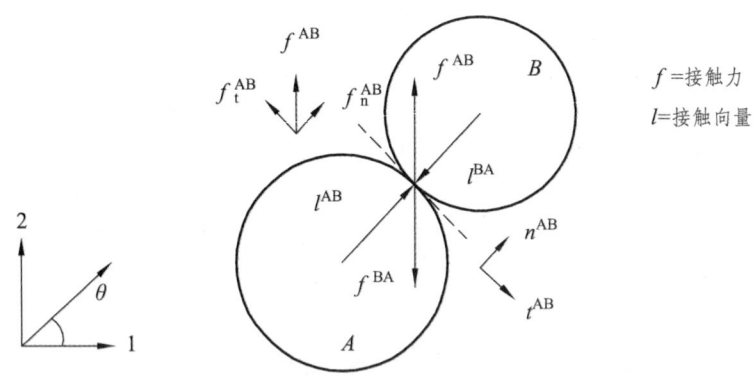

图 6-22　颗粒间接触法向、接触向量和接触力关系图

2. 接触力

在外界荷载和自身重力作用下颗粒间相互接触并产生接触力，接触力有大小和方向，可以用向量的形式进行表示。因而根据图 6-22 所示，作用于颗粒接触面 θ 方向上的平均接触力可以分解成两个相互垂直的分量，一个为平均接触切向力分量 $\overline{f}_t^c(\theta)$；另一个为平均接触法向力分量 $\overline{f}_n^c(\theta)$。其中 $t_c = \{-\sin\theta,\ \cos\theta\}$，$n_c = \{\cos\theta,\ \sin\theta\}$，因而平均接触力 $\overline{f}_i^c(\theta)$ 分布如下：

$$\overline{f}_i^c(\theta) = \overline{f}_n^c(\theta)n_c + \overline{f}_t^c(\theta)t_c \quad i=1,2 \tag{6-4}$$

6.5.3　沥青混合料剪切变形演化规律

1. 单调加载剪切变形演化规律

单调加载剪切变形是剪切变形的一种特殊形式。根据颗粒材料的有关知识，可以用颗粒间接触平面的切向力、法向力以及颗粒间的接触法向来描述沥青混合料中集料与集料、集料与沥青胶浆之间的相互作用。

离散单元法可以从微细观角度研究颗粒材料内部细观接触法向及接触力分布情况,可以从微细观角度分析宏观力学演化过程。因此,在组构理论分析的基础上,从颗粒间的接触法向、法向接触力及切向接触力三个方面进一步研究沥青混合料在单调剪切荷载作用下的演变机理。

程序计算 0 次、30 万次、60 万次和 150 万次时,颗粒之间接触法向分布的玫瑰图如图 6-23 所示。玫瑰图中将一个圆周分成 36 份按每 10°划分一个区间,0°对应试件的水平方向。扇形半径为接触法向落入某区间的接触点个数与各区间中法向接触点最多个数的比值。

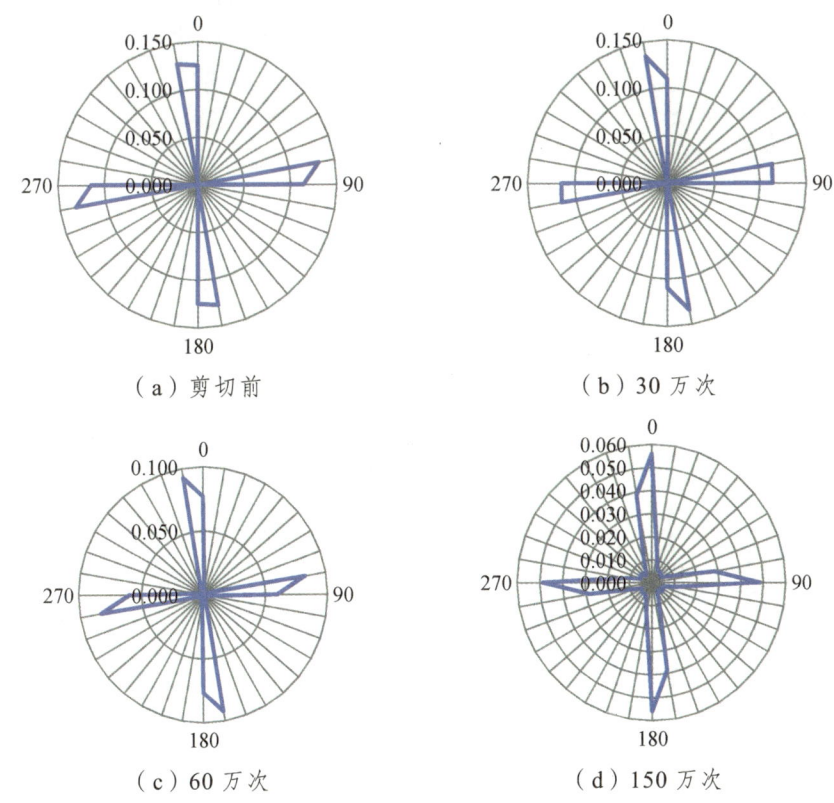

图 6-23 接触法向演变规律

由图 6-23 可以得出,区间范围在(80°~90°)(260°~270°)(170°~180°)(350°~360°)是接触数最多的方向,此方向称为接触法向主方向,主方向对应的接触数用 N_{max} 表示。随着剪切变形的增大,N_{max} 逐渐减少。

当程序运行 60 万次，达到了荷载峰值，根据试验数据可知，主方向以外的区间接触数目在逐渐增加，但是远没有 N_{max} 减少的数目多，因此试件总的接触数目随着剪切变形的增大而逐渐减少。

程序计算 0 次、30 万次、60 万次和 150 万次时，颗粒之间法向接触力的玫瑰图如图 6-24 所示。玫瑰图中将一个圆周分成 36 份按每 10° 划分一个区间，0° 对应试件的水平方向。扇形半径表示某一角度区间内平均法向接触力与各区间中平均法向最大接触力的比值。

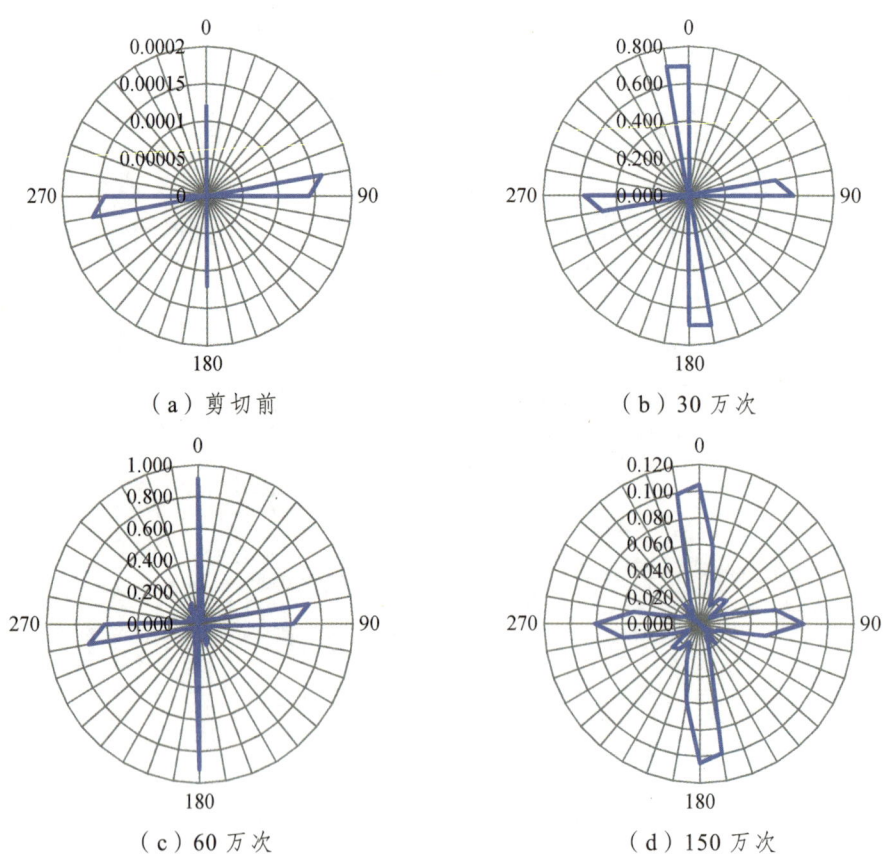

图 6-24 法向接触力演变规律

根据图 6-24 可知，区间范围在（80°~90°）（260°~270°）（170°~180°）（350°~360°）是平均法向接触力最大的方向，此方向称为法向力主方向，主方向对应的接触力大小用 $f_n(\theta)$ 表示。随着剪切变形的增大，

$f_n(\theta)$ 先增大后减少,当峰值荷载达到最大时,平均法向接触力也达到最大,然后随着试件变形的增大,平均法向接触力逐渐减小。从图中可以看出,最大平均接触力范围比较小,说明少量颗粒承受了较大的法向力,存在应力过于集中现象,这时容易出现颗粒破碎或者剪切破坏。

程序计算 0 次、30 万次、60 万次和 150 万次时,颗粒之间平均切向接触力的玫瑰图如图 6-25 所示。在玫瑰图中将一个圆周分成 36 份按每 10° 划分一个区间,0° 对应试件的水平方向。扇形半径表示某一角度区间内切向的平均接触力与各区间中平均最大切向接触力的比值。

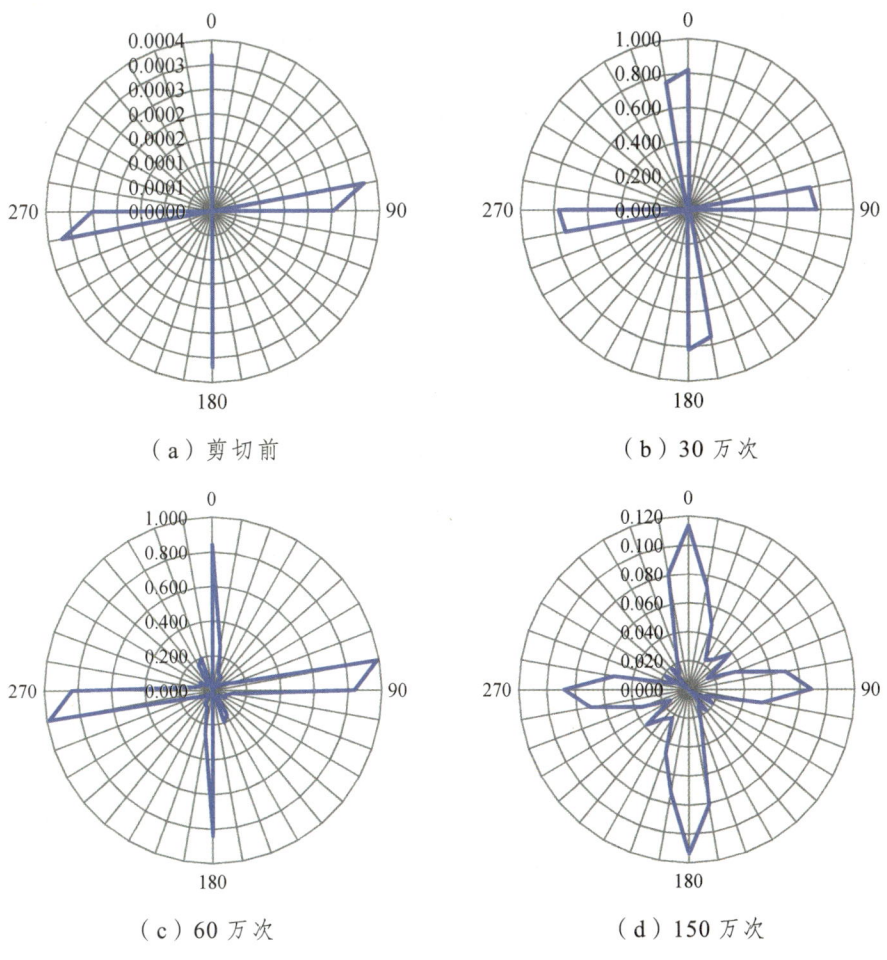

图 6-25 切向接触力演变规律

根据图 6-25 可知，区间范围在（80°~90°）（260°~270°）（170°~180°）（350°~360°）是平均接触力最大的方向，称为切向力主方向，主方向对应的接触力大小用 $f_t(\theta)$ 表示。随着剪切变形的增大，$f_t(\theta)$ 先增大后减少，当达到峰值荷载时，平均切向接触力也达到最大，并且平均最大切向力与加载方向一致。

2．重复加载剪切变形演化过程

本节利用建立的离散元模型进行重复加载冲击剪切变形试验并通过室内变形试验进行参数校准，研究不同荷载、不同加载作用次数下沥青混合料颗粒之间接触法向、法向接触力及切向接触力演变过程。

（1）接触法向演变规律。

最大轴向应力分别为 0.3 MPa、0.5 MPa 和 0.7 MPa 时，程序计算 0 次、2 万次、20 万次和 80 万次时颗粒间接触法向分布的玫瑰图如图 6-26 ~ 图 6-28 所示。在玫瑰图中将 0°~360° 范围按每 10° 划分一个区间，0° 对应试件的水平方向。扇形半径表示接触法向落入该角度区间的接触点个数与各个区间中法向接触点最多的个数的比值。

由图 6-26 ~ 图 6-28 可知，区间范围在（80°~90°）（260°~270°）（170°~180°）（350°~360°）是接触数最多的方向，此方向称为接触法向主方向，主方向对应的接触数用 N'_{max} 表示。随着循环次数的增大，N'_{max} 逐渐减少，主方向以外的区间接触数量在逐渐增加，但增加的数量有限，远没有 N'_{max} 减少的数目多，因此总接触数在逐渐较少。荷载大小对水平和垂直方向接触数量影响比较小，但对其他方向接触数量影响比较大，其他方向接触数量随着荷载幅值的增大而增大。

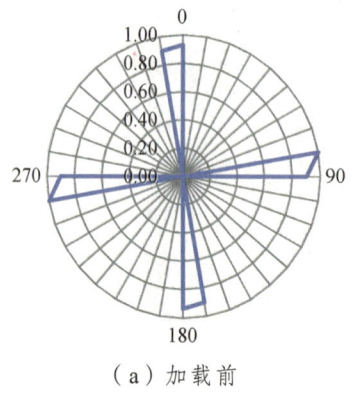

（a）加载前

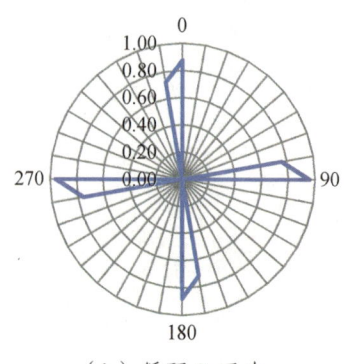

（b）循环 2 万次

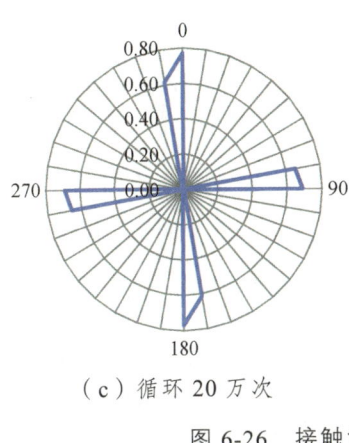
（c）循环 20 万次

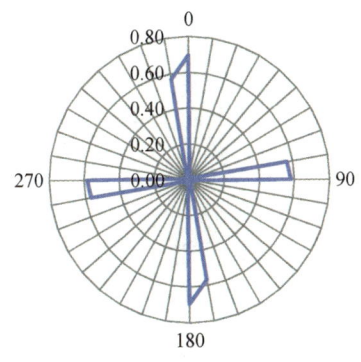
（d）循环 80 万次

图 6-26　接触法向演变规律（0.3 MPa）

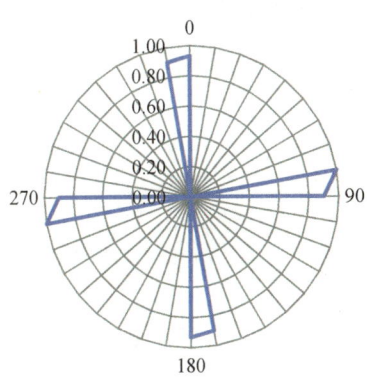
（a）加载前

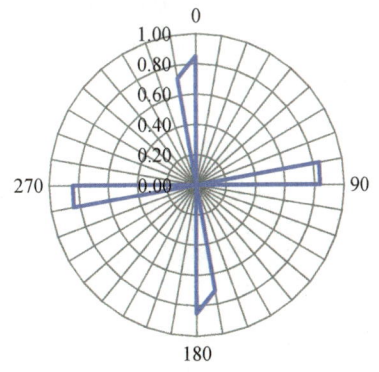
（b）循环 2 万次

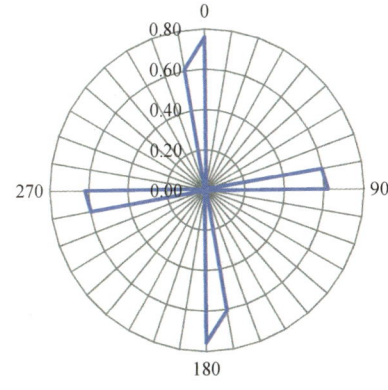
（c）循环 20 万次

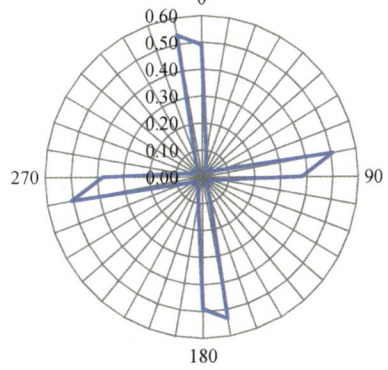
（d）循环 80 万次

图 6-27　接触法向演变规律（0.5 MPa）

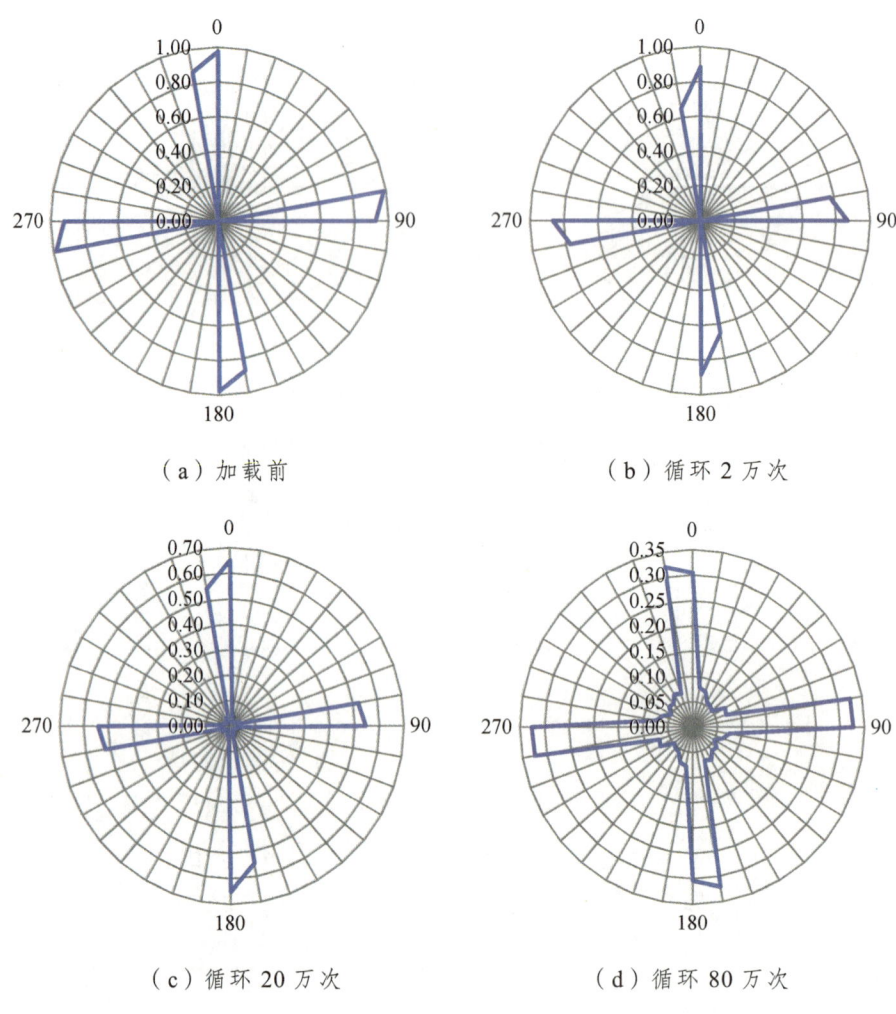

图 6-28 接触法向演变规律（0.7 MPa）

（2）法向接触力演变规律。

最大轴向应力分别为 0.3 MPa、0.5 MPa 和 0.7 MPa 时，程序计算 0 次、3 万次、20 万次和 80 万次时颗粒之间法向接触力的玫瑰图如图 6-29~图 6-31 所示。在玫瑰图中将一个圆周分成 36 份，按每 10° 划分一个区间，扇形半径表示某一角度区间内平均法向接触力与各区间中平均最大法向接触力之间的比值。

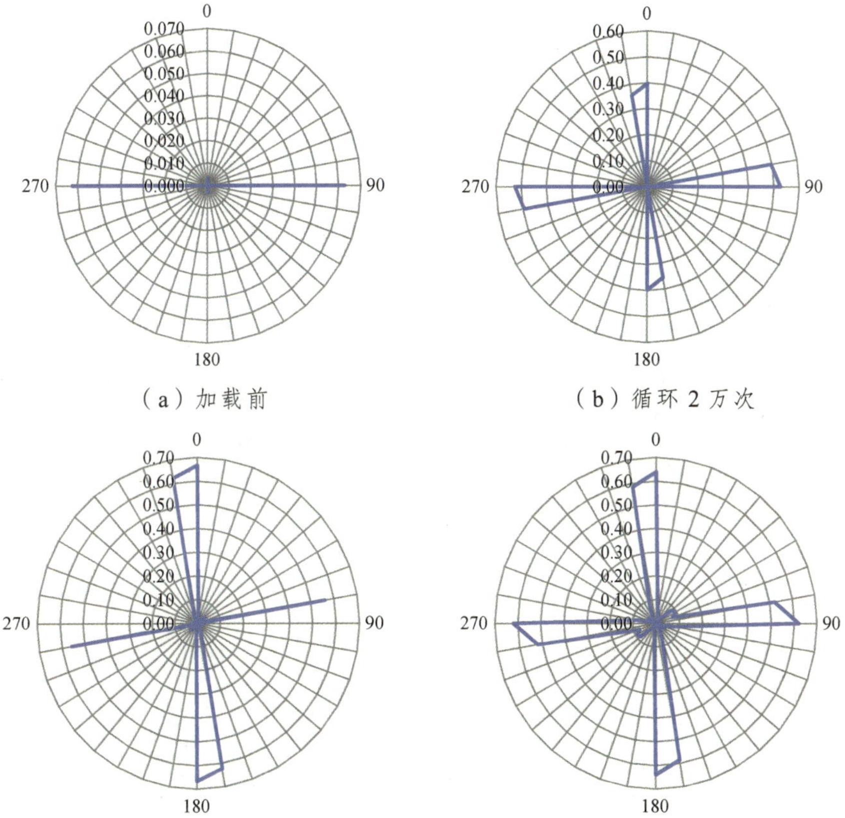

(a)加载前　　　　　　　　　　(b)循环 2 万次

(c)循环 20 万次　　　　　　　　(d)循环 80 万次

图 6-29　法向接触力演变规律（0.3 MPa）

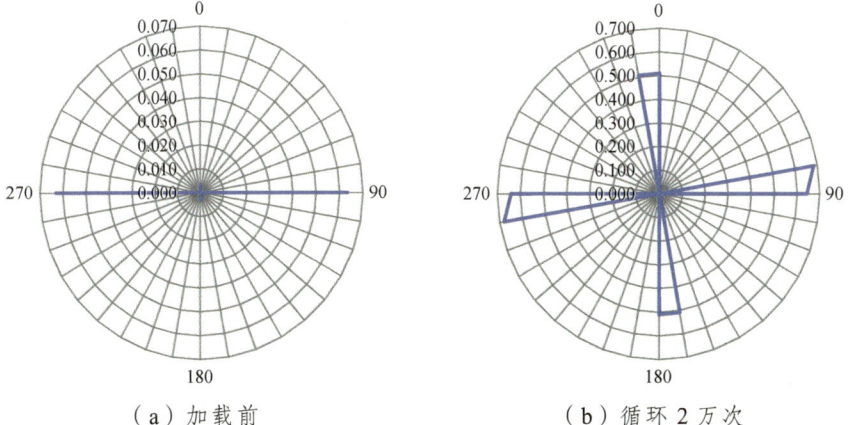

(a)加载前　　　　　　　　　　(b)循环 2 万次

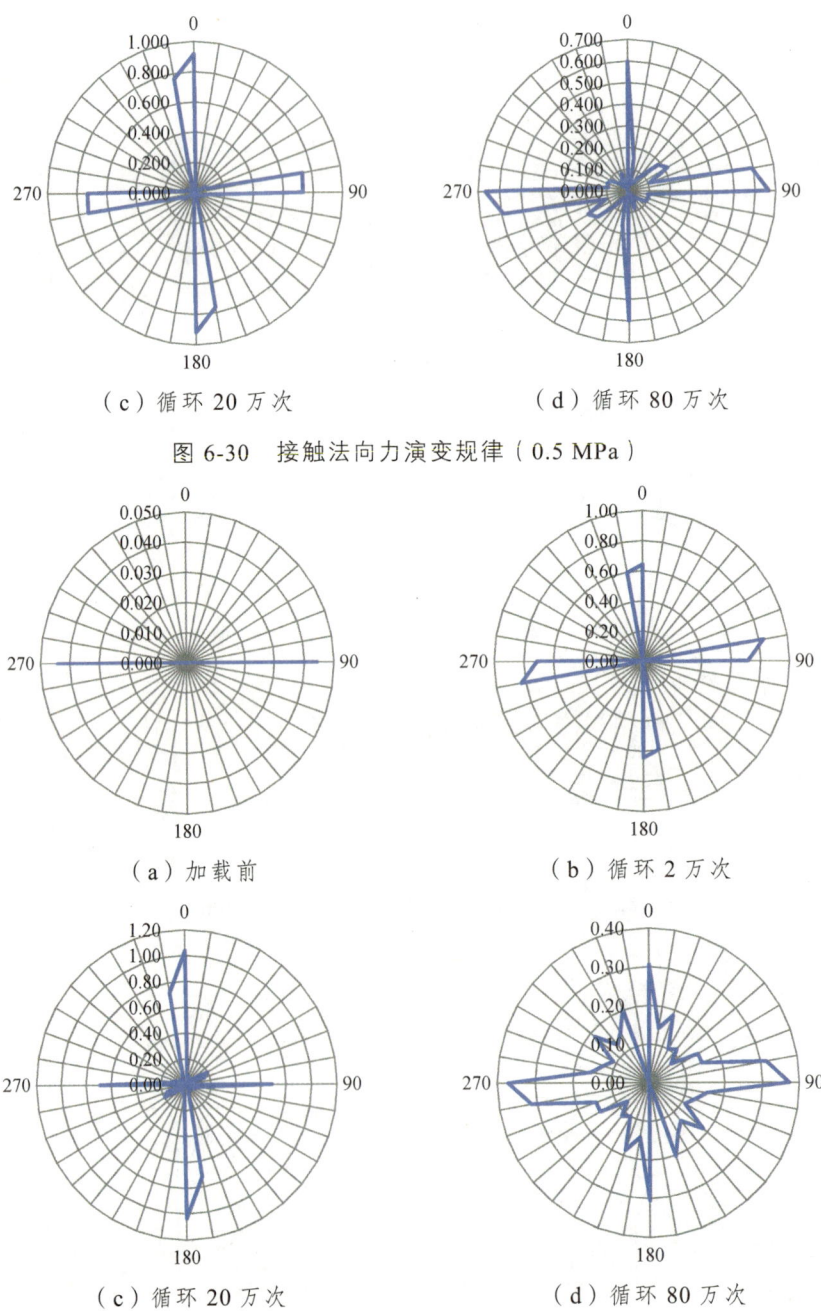

(c) 循环 20 万次   (d) 循环 80 万次

图 6-30　接触法向力演变规律（0.5 MPa）

(a) 加载前   (b) 循环 2 万次

(c) 循环 20 万次   (d) 循环 80 万次

图 6-31　法向接触力演变规律（0.7 MPa）

由图 6-29～图 6-31 可知，区间范围在（80°～90°）（260°～270°）（170°～180°）（350°～360°）是平均接触力最大的方向，此方向称为法向接触力主方向，主方向对应的平均法向接触力用 $f'_n(\theta)$ 表示。随着循环次数的增大，水平方向接触力是先增大后减小，垂直方向的法向接触力变化不大。剪切之前，水平方向的法向接触力接近为零，垂直方向的接触力比较大，随着循环次数的增加水平方向法向接触力变化较快。随着循环次数的增加，主方向以外的区间法向接触力也在逐渐增大。在循环次数为 20 万次左右，$f'_n(\theta)$ 对应的区间范围比较小，说明出现比较大的应力集中，这时容易出现剪切破坏。试件破坏之前，随着荷载大小的增加法向接触力在逐渐增大，这与正常理解是一致的。

（3）切向接触力演变规律。

最大轴向应力分别为 0.3 MPa、0.5 MPa 和 0.7 MPa 时，程序计算 0 次、30 万次、60 万次和 150 万次时颗粒之间平均切向接触力的玫瑰图如图 6-32～图 6-34 所示。在玫瑰图中将一个圆周分成 36 份按每 10° 划分一个区间，扇形半径为某一角度区间内平均切向接触力与各区间中平均的最大切向接触力之间的比值。

由图 6-32～图 6-34 可知，区间范围在（80°～90°）（260°～270°）（170°～180°）（350°～360°）是平均接触力最大的方向，称为切向力主方向，主方向对应的接触力大小用 $f'_t(\theta)$ 表示。随着循环次数的增加，$f'_t(\theta)$ 先增大后减少。当试件破坏时，平均切向接触力达到最大值，破坏后切

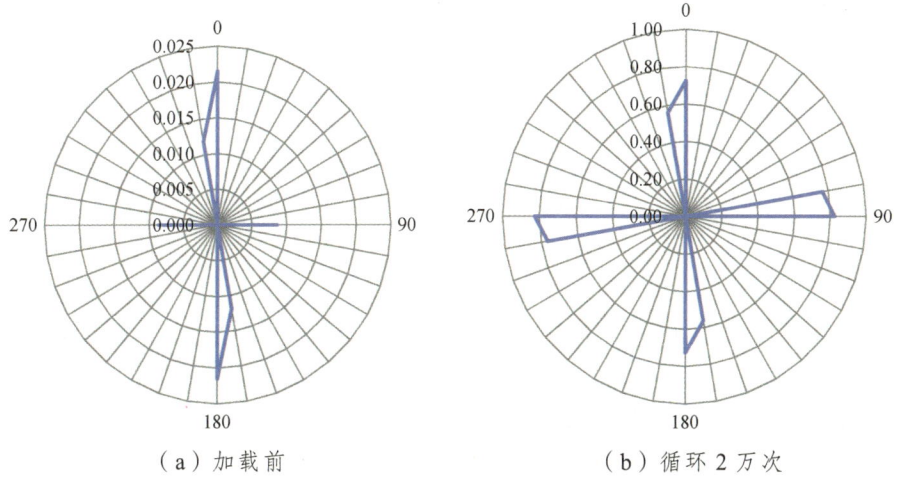

(a) 加载前　　　　　　　　　　(b) 循环 2 万次

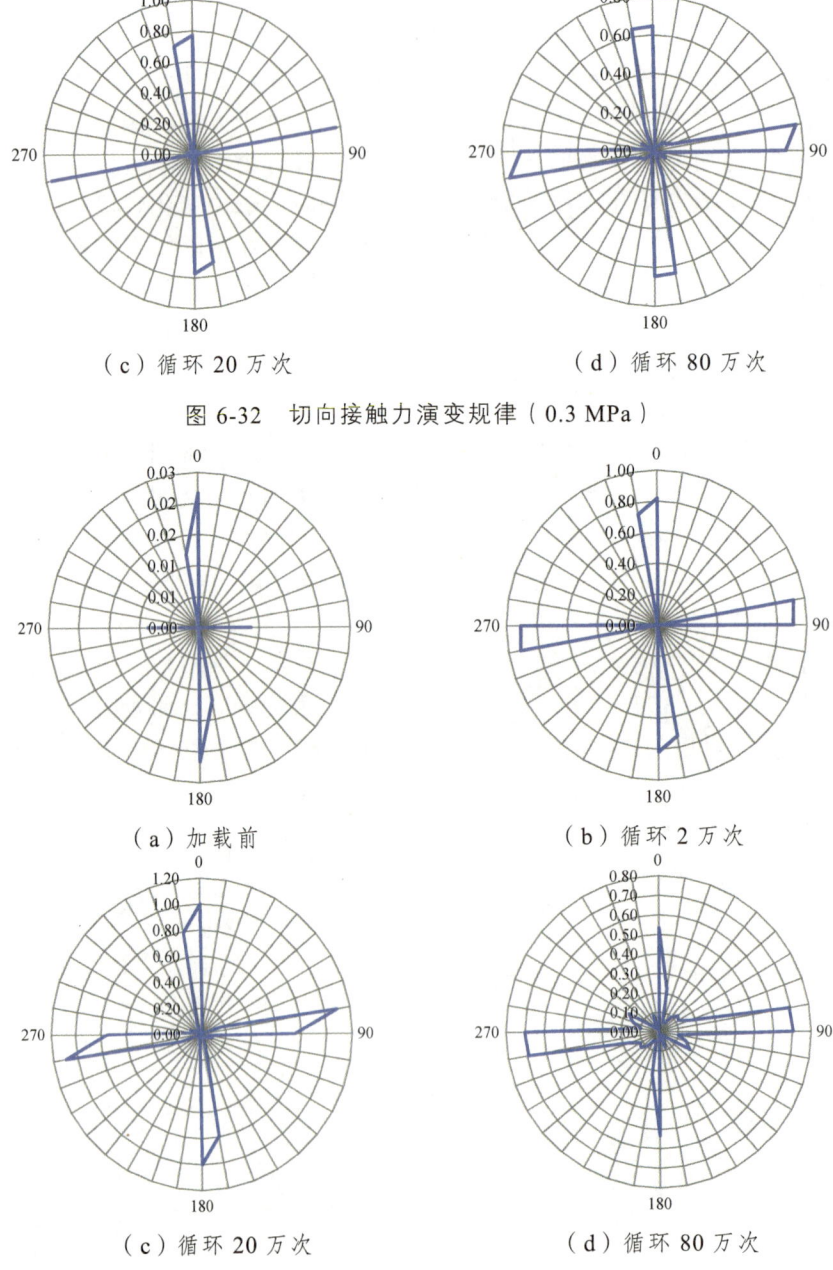

（c）循环 20 万次　　　　　　（d）循环 80 万次

图 6-32　切向接触力演变规律（0.3 MPa）

（a）加载前　　　　　　（b）循环 2 万次

（c）循环 20 万次　　　　　　（d）循环 80 万次

图 6-33　切向接触力演变规律（0.5 MPa）

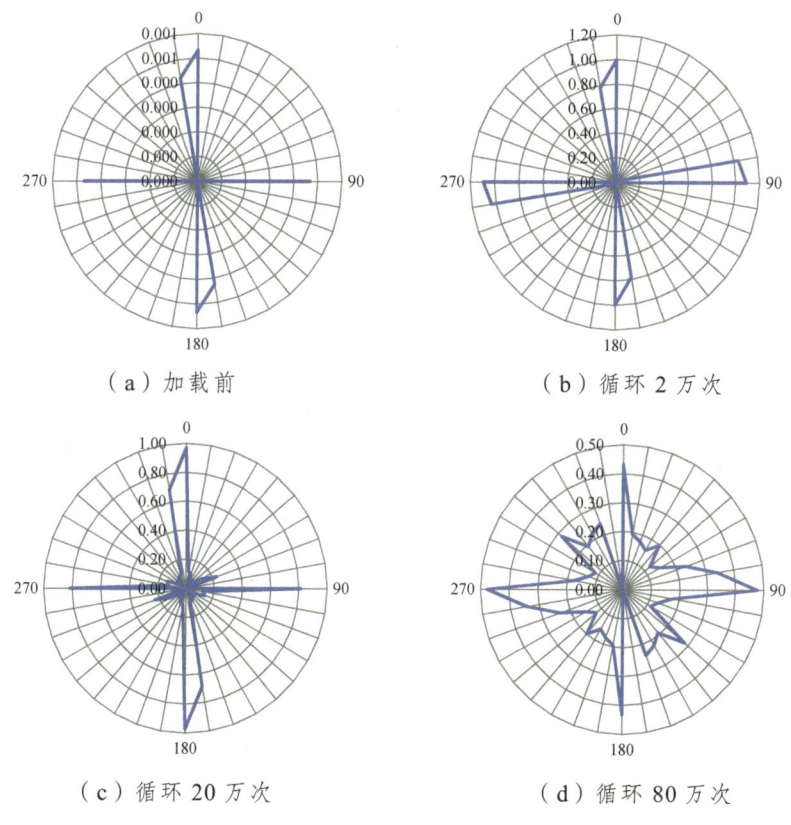

(a)加载前　　　　　　　　　（b）循环2万次

(c)循环20万次　　　　　　　（d）循环80万次

图 6-34　切向接触力演变规律（0.7 MPa）

向力逐渐减小。整体来说，切向接触力随着荷载幅值的增大而增大。主方向范围以外的区间，随着循环次数的增加，切向力也在逐渐增大。由上图可以看出，在循环次数为20万次时 $f_t'(\theta)$ 对应的区间范围比较小，说明存在应力集中现象，容易出现剪切破坏。

6.6　本章小结

通过本章的研究，得出如下结论：

（1）从整体上来看，冲击剪切破坏力随着粗集料含量的增大而增大，随着孔隙率的增大而减小。对于 Superpave 沥青混合料冲击剪切性能随着粒径的增大先增大后减小。

（2）单调剪切数值模拟试验中，接触法向主方向对应的接触数 N_{max} 随着剪切变形的增大，逐渐减少。主方向以外的区间随着剪切变形的增大接触数目在逐渐增大，但是远没有 N_{max} 减少的数目多，因此试件内总的接触数目随着剪切变形的增大而逐渐减少。

（3）单调剪切数值模拟试验中，法向接触力主方向对应的接触力大小 $f_n(\theta)$ 先增大后减少，当达到峰值荷载时刻，平均法向接触力也达到最大值，然后随着剪切变形的增大，平均法向接触力逐渐减小。$f_n(\theta)$ 对应的范围比较小，说明少量颗粒承受了较大的法向力，说明存在应力集中现象，这时容易出现颗粒破碎或者剪切破坏。

（4）单调剪切数值模拟试验中，平均切向接触力主方向对应的接触力大小 $f_t(\theta)$ 随着剪切变形的增大，先增大后减少，当达到峰值荷载时，平均切向接触力也达到最大。

（5）重复剪切数值模拟试验中，接触法向主方向对应的接触数 N'_{max} 随着循环次数的增大而逐渐减少，主方向以外的区间接触数量在逐渐增加，但增加的数量有限，远没有 N'_{max} 减少的数目多，因此总接触数在逐渐较少。

（6）重复剪切数值模拟试验中，法向力接触主方向对应的平均法向接触力 $f'_n(\theta)$ 随着循环次数的增大，水平方向法向接触力是先增大后减小，垂直方向的法向接触力变化不大。

（7）重复剪切数值模拟试验中，切向接触力主方向对应的接触力大小 $f'_t(\theta)$ 随着循环次数的增加，先增大后减少。当试件破坏时，平均切向接触力达到最大值，破坏后切向力逐渐减小。整体来说，切向接触力随着荷载幅值的增大而增大。主方向范围以外的区间，随着循环次数的增加，切向接触力也在逐渐增大。

7 基于冲剪试验沥青混合料级配优化

沥青路面具有比较好的舒适性和路用性能，因此，在我国高等级公路建设中 90% 以上都是采用的沥青路面[116]。沥青路面属于柔性路面结构，夏天路面温度可达到 60 ℃，在温度和荷载作用下沥青混合料极易产生剪切变形，此时沥青混合料的级配设计至关重要。在路面设计中，我国沥青混合料设计主要采用马歇尔设计方法，矿料的级配设计采用的是经验设计方法。在科研研究中，许多研究者采用逐级填充法进行矿料级配设计[117-120]，以期获得一种骨架密实型沥青混合料。近些年随着数值模拟试验的兴起，研究者开始将其融入沥青混合料设计中，大大缩短了试验时间，并取得了一些研究成果。石力万等[121]利用离散元对沥青混合料骨架构成和骨架应力传递进行了研究，得出 2.36 mm 以上的粗集料构成了级配的主骨架。高振鑫等[122]利用离散元软件构建了单轴贯入数值试验方法，结合逐级填充理论从抗剪强度角度研究 AC-20 矿料级配，并对 9.5 mm、4.75 mm、2.36 mm 和 0.075 mm 四个筛孔尺寸的通过率进行了建议。蒋应军等[123]为了进行级配优化，借助 PFC^{2D} 构建了逐级填充理论和 CBR 数值试验，研究了粗集料、细集料和粗细混合料在密实度和 CBR 试验中的变化规律，并在数值试验基础上提出了矿料强嵌挤密实级配设计方法。在以上研究中，采用离散元软件对矿料级配进行优化设计，研究时间比较短，而且大部分将集料假定为圆形颗粒，在进行级配优化时误差比较大，需要进一步探索和完善。

因此，借助前几章的研究成果，进一步研究基于冲剪试验的沥青混合料级配优化方法。通过数值模拟试验，研究了矿料级配形成过程中颗粒填充的过程，研究了不同粒径范围对沥青混合料性能影响规律；通过室内试验，研究了粒径小于 1.18 mm 的矿料颗粒对沥青混合料性能影响规律，提出了基于冲剪试验的沥青混合料优化级配，并进行了室内验证。

7.1 级配优化方案设计思路

在进行级配确定时，通常做法是在规范给定的级配范围内根据关键筛孔的通过率按粗、中、细拟定三条级配曲线，然后根据预估沥青含量进行室内试验并进行性能分析，选取一条性能最好的级配作为工程应用的目标级配。采用这种方法选定的级配只是能够满足工程要求，并不一定是最好的，甚至可能与目标值相差较大，在工程运用中某一筛孔的通过率稍微出现变动，生产出来的混合料就可能无法满足工程需要。

沥青混合料级配优化中也有研究者借助某一种或某几种试验手段进行级配研究，常见的有：CBR 试验法[124]、离散元数值试验法[76,34]、逐级填充法[125]、正交试验法[126,127]等。由于 CBR 试验法和逐级填充法试验量都比较大，所以很难推广应用。随着离散元软件的开发趋于成熟，近些年利用离散元软件进行级配优化的成果越来越多。利用离散元软件，借助正交试验设计方法，研究沥青混合料的性能，最终确定最佳级配，可以节约大量时间和费用。具体的研究思路如下：

（1）通过离散元软件研究沥青混合料中矿料的填充过程，研究不同的粒径范围在填充中所起到的作用，并确定临界筛孔尺寸。

（2）根据获得的临界筛孔尺寸，将级配曲线分段，利用正交试验研究不同筛孔范围的级配曲线对沥青混合料性能影响规律。

（3）由于离散元软件在处理 1.18 mm 以下粒径时有一定困难，因此采用室内试验研究粒径小于 1.18 mm 矿料对沥青混合料性能影响规律。

（4）在以上研究的基础上，确定基于冲剪试验的沥青混合料级配。

（5）通过室内试验对优化级配进行验证。

7.2 基于正交试验的矿料级配骨架影响规律研究

7.2.1 正交试验设计原理

1. 正交试验设计的基本理论

在实际工作中,常常需要同时考察 3 个或 3 个以上的试验因素,若进行全面试验,则试验规模将很大,往往因试验条件限制而难以实施。正交试验设计就是安排多因素试验、寻求最优水平组合的一种高效率试验设计方法。

正交试验设计是利用正交表来安排与分析多因素试验的一种设计方法。它是由日本统计学家田口玄一等人提出。该方法是在概率论、数理统计和实践经验的基础上提出来,根据标准化正交表安排试验方案(采用部分试验代替全面试验,选择具有代表性的试验来进行试验),并对试验结果进行计算分析,通过对这部分试验结果的分析了解全面试验的情况,找出最优的水平组合。其特点是能够以尽量少的试验次数、尽量短的试验时间以及比较低的试验费用得到比较满意的试验结果。因此,正交试验设计方法是一种高效的处理多因素优化设计问题的科学计算方法。

正交试验方案设计主要是依据一整套规则的正交表来进行,正交表通常表示为 $L_n(r^m)$,其中 L 是正交表代号;n 为正交表横行数(需要做试验的次数);r 是因素水平数;m 是正交表的纵列数(最多可以安排的因素个数)。

例如一个三因素三水平的正交试验设计,可以安排 9 次试验完成整个试验过程,可采用的正交表如表 7-1 所示,记为 $L_9(3^3)$。

表 7-1 正交试验设计表 $L_9(3^3)$

试验点	B_1	B_2	B_3
1	A_1	A_1	A_1
2	A_1	A_2	A_2
3	A_1	A_3	A_3
4	A_2	A_1	A_2
5	A_2	A_2	A_3
6	A_2	A_3	A_1
7	A_3	A_1	A_3
8	A_3	A_2	A_1
9	A_3	A_3	A_2

正交表主要有两种类型，一种为等水平正交表。等水平正交表是指各列水平数相同的正交表。如 $L_4(2^3)$、$L_8(2^7)$、$L_{12}(2^{11})$ 等各列中的水平为 2，称为 2 水平正交表；$L_9(3^4)$、$L_{27}(3^{13})$ 等各列水平为 3，称为 3 水平正交表。另一种为混合水平正交表。混合水平正交表是指各列水平数不完全相同的正交表。如 $L_8(4 \times 2^4)$ 表中有一列的水平数为 4，有 4 列水平数为 2。也就是说该表可以安排一个 4 水平因素和 4 个 2 水平因素。再如 $L_{16}(4^4 \times 2^3)$，$L_{16}(4 \times 2^{12})$ 等都是混合水平正交表。

正交表具有以下基本性质：

（1）正交性。

① 任一列中，各水平都出现，且出现的次数相等。

例：$L_8(2^7)$ 中不同数字只有 1 和 2，它们各出现 4 次；$L_9(3^4)$ 中不同数字有 1、2 和 3，它们各出现 3 次。

② 任两列之间各种不同水平的所有可能组合都出现，且出现的次数相等。

例：$L_8(2^7)$ 中（1，1），（1，2），（2，1），（2，2）各出现两次；$L_9(3^4)$ 中（1，1），（1，2），（1，3），（2，1），（2，2），（2，3），（3，1），（3，2），（3，3）各出现 1 次。即每个因素的一个水平与另一因素的各个水平所有可能组合次数相等，表明任意两列各个数字之间的搭配是均匀的。

（2）代表性。

代表性的含义之一，在于正交表的正交性。

① 任一列的各水平都出现，使得部分试验中包括了所有因素的所有水平；

② 任两列的所有水平组合都出现，使任意两因素间的试验组合为全面试验。

由于正交表的正交性，正交试验的试验点必然均衡地分布在全面试验点中，具有很强的代表性。因此，部分试验寻找的最优条件与全面试验所寻找的最优条件，应有一致的趋势。

（3）综合可比性。

① 任一列的各水平出现的次数相等；

② 任两列间所有水平组合出现次数相等，使得任一因素各水平的试验条件相同。这就保证了在每列因素各水平的效果中，最大限度地排除了其他因素的干扰。从而可以综合比较该因素不同水平对试验指标的影响情况。

根据以上特性，用正交表安排的试验，具有均衡分散和整齐可比的特点，如图 7-1 所示。可以将具有代表性的 9 个试验点均匀地分布在一个立方体的 6 个平面上，并且使每个平面都包含有 3 个试验点，使这 3 个试验点都处于每个面的关键点位置上，从图上可以看出。这 9 个试验点可以均匀地分布在 27 个关键线相交而形成的 27 个关键点位置上，所以能够达到面面俱到、线线俱到，而且达到均匀分散的目的。因此，这样可以利用正交表来安排这 9 个试验，充分体现全部 27 个试验点的特征和规律。而且，根据优化设计理论，对这些少量的试验结果进行统计、分析，便可以得到总体的试验规律，从而能够发现各个因素对试验指标的影响程度及影响趋势。

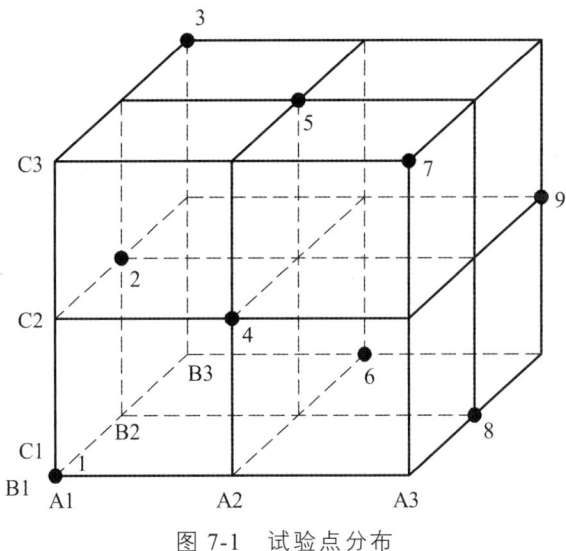

图 7-1 试验点分布

2．正交试验设计的基本程序

对于多因素试验，正交试验设计是简单常用的一种试验设计方法，其设计基本程序如图 7-2 所示。正交试验设计的基本程序包括试验方案设计及试验结果分析两部分。

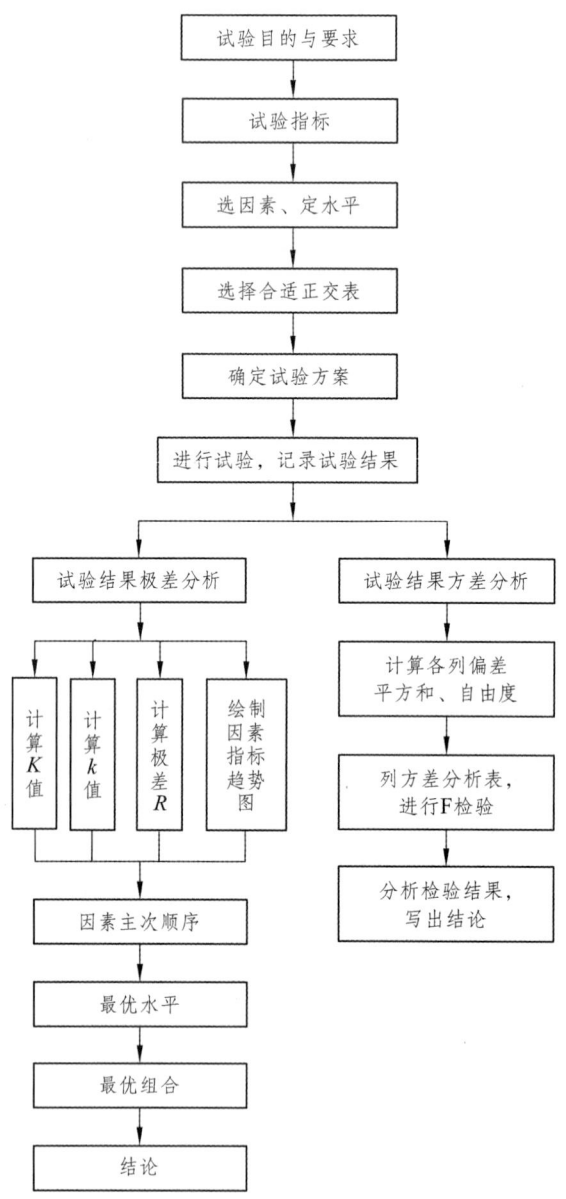

图 7-2 试验方案设计流程图

7.2.2 矿料级配正交试验设计方案

本节依据正交试验设计方法，通过沥青混合料冲击剪切数值模拟试验，研究粗（9.5~26.5 mm）、中（1.18~9.5 mm）、细（0.075~1.18 mm）集料对沥青混合料冲击剪切性能的影响程度和影响规律，研究沥青混合料矿料级配优化方法。

正交试验设计过程需要确定评价指标、试验因素和因素水平。评价指标用来衡量试验效果，本文采用冲击剪切试验轴向压力峰值作为评价指标。试验因素是指影响试验指标的主要因素。试验因素往往很多，不可能全面考察，应根据试验目的选取主要因素，略去次要因素，以便减少试验工作量。在进行沥青混合料级配设计时，为了达到比较好的力学性能和路用性能，都是将各档集料掺配到一起使之形成预期的级配形式，级配形成过程中，也是集料填充的过程和颗粒排列过程。以 AC-20 沥青混合料矿料级配为例，利用离散元软件再现颗粒填充过程，为了研究方便，采用圆盘颗粒代替集料，如图 7-3 所示。在研究过程中，D_1 集料为 16~26.5 mm 的集料，D_2 集料为 13.2~26.5 mm 的集料；D_3 集料为 9.5~26.5 mm 的集料，并以此类推。

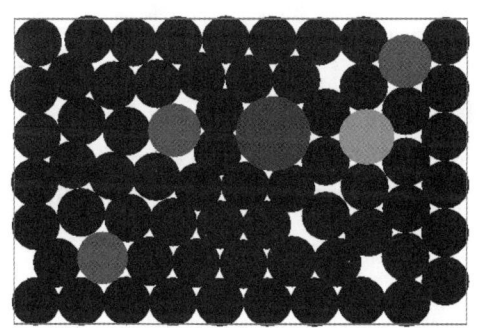

（a）D_1 集料

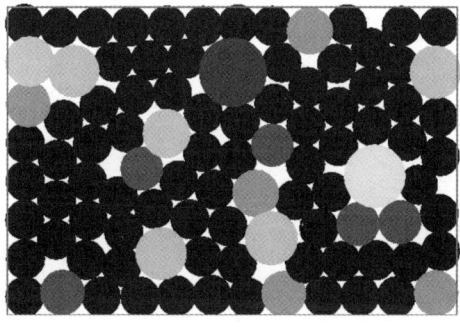

（b）D_2 集料

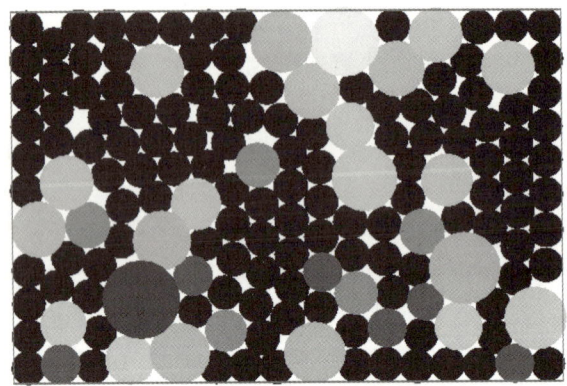

（c）D_3 集料

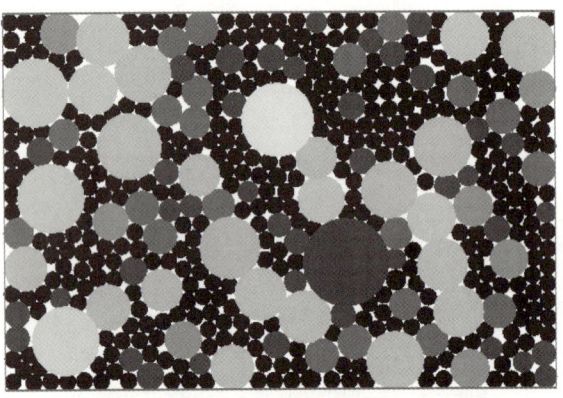

（d）D_4 集料

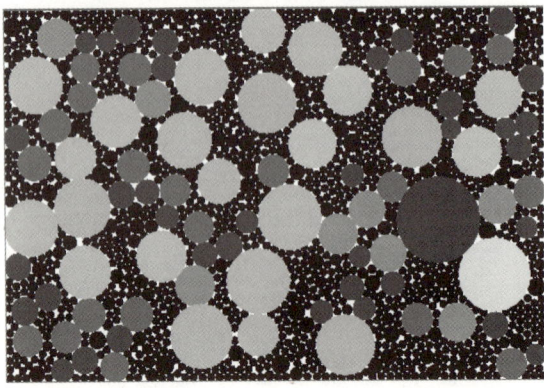

（e）D_5 集料

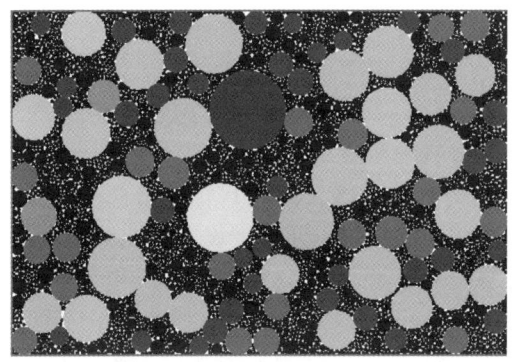

（f）D_6 集料

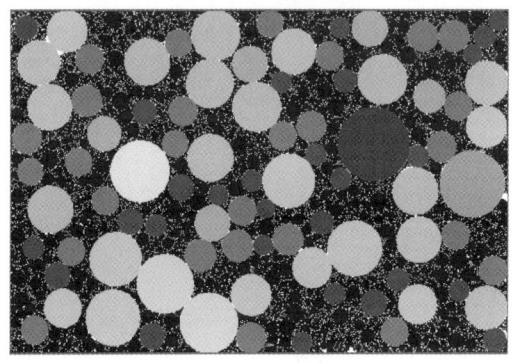

（g）D_7 集料

图 7-3　AC-20 集料填充过程二维模型

从图 7-3 可以得出，在填充的初始阶段，较大颗粒之间排列规律性不明显，随着颗粒粒径逐渐减小，比较小的颗粒逐渐将大颗粒包裹起来，共同形成骨架结构；从 D_4 集料开始有小颗粒填充粗集料之间的间隙，但是颗粒之间仍然是以形成骨架为主；到 D_5 集料，小颗粒填充大一点集料间隙比较明显，但是颗粒之间仍然是以共同作用形成矿料骨架为主；到了 D_7 集料小颗粒主要是起到填充作用了。从颗粒填充过程来看，级配曲线可以分为三段，第一段为颗粒排列过程，称为粗段，主要是形成矿料骨架，起到增加摩擦力的作用，这一范围没有颗粒间的填充，代表的筛孔范围为 9.5～13.2 mm；第二段已经有少量细集料填充粗集料之间的空隙，称为中段，这一段起到形成骨架、增加密实的作用，代表筛孔范围为 1.18～9.5 mm；最后一段为 0.075～1.18 mm 筛孔尺寸范围，称为细段，这一筛孔范围的颗粒主要起到填充空隙增加密实作用,这一部分不起骨架支撑作用。

在筛孔尺寸为 0.075～26.5 mm 之间总共包含有 12 个筛孔,为了分析不同筛孔在沥青混合料中所起到的作用,将一条完整的级配曲线分成粗、中、细三段进行正交试验分析,试验目标是分析级配曲线不同部分对沥青混合料冲击剪切性能的影响。分析时以 9.5 mm 和 1.18 mm 的粒径作为分界点,将沥青混合料矿料级配分为粗、中、细集料三个因素,分别称为集料 A(含 9.5 mm 筛孔)、集料 B(含 1.18 mm 筛孔)和集料 C,作为正交表的列。由于离散元采用接触模型来模拟胶结料,因此沥青含量加到细集料内形成沥青砂浆。在利用离散元分析沥青混合料性能时,处理 0.6 mm 以下集料比较困难,分析时进行了简化处理,将 1.18 mm、0.9 mm 和 0.6 mm 均匀颗粒分别代表了集料 C 的不同水平,以便了解集料 C 对骨架结构的影响。本书主要研究级配曲线中粗、中、细段位置的改变对沥青混合料冲击剪切性能的影响。因素水平是根据行业标准《公路沥青路面施工技术规范》(JTG F40—2004)中针对 AC-20 的级配范围的上限及下限之间的四分点位确定,分别为上位(0.75)、中位(0.5)和下位(0.25),作为因素的三个水平。其中上位是级配范围中值与级配范围的上限的平均值,称为水平 1;中位为级配范围的中值线,称为水平 2;下位为级配范围下限与中值线的平均值,称为水平 3,AC-20 型沥青混合料各试验因素和水平如表 7-2 所示。

表 7-2 正交表及 AC-20 级配范围

因素		集料 A				集料 B			集料 C			
筛孔尺寸/mm		26.5	19	16	13.2	9.5	4.75	2.36	1.18	0.6	0.3	0.15	0.075
水平/%	1	100	95	85	71	61	41	30	23	14	11	9	5
	2	100	98	89	76	67	49	37	28	19	14	11	6
	3	100	93	82	67	56	34	23	17	9	8	6	4
规范上限/%		100	100	92	80	72	56	44	33	24	17	13	7
规范下限/%		100	90	78	62	50	26	16	12	4	5	4	3

本试验将级配曲线分成粗、中、细三段，形成三个因素，每个因素对应三个级配形式，这样就生成一个三因素三水平的正交表，符号为 $L_9(3^3)$。根据上述方法 AC-20 沥青混合料矿料级配试验方案，如表 7-3 所示。为了矿料级配的优化及对比分析，将规范中提供的级配范围的上限和下限值以及 Sup-20 沥青混合料矿料级配的控制点和限制区也列入其中，如图 7-4～图 7-5 所示。

表 7-3 AC-20 级配试验设计表

级配编号	筛孔尺寸/mm	筛孔通过率/%									
		26.5	19	16	13.2	9.5	4.75	2.36	1.18	0.6	0.3	0.15	0.075
1	级配一	100.0	95	85	71	61	41	30	17	13	9	6	4
2	级配二	100.0	95	85	71	61	49	37	21	15	12	8	5
3	级配三	100.0	95	85	71	61	34	23	13	10	7	4	3
4	级配四	100.0	98	88	75	66	49	37	21	10	7	4	3
5	级配五	100.0	98	88	75	66	34	23	13	13	9	6	4
6	级配六	100.0	98	88	75	66	41	30	17	15	12	8	5
7	级配七	100.0	93	81	66	55	34	23	13	15	12	8	5
8	级配八	100.0	93	81	66	55	41	30	17	10	7	4	3
9	级配九	100.0	93	81	66	55	49	37	21	13	9	6	4
10	AC-20 上限	100	100	92	80	72	56	44	33	24	17	13	7
11	AC-20 下限	100	90	78	62	50	26	16	12	4	5	4	3
限制区		—	—	—	—	—	—	34.6	22.3	16.7	13.7	—	—
		—	—	—	—	—	—	34.6	28.3	20.7	13.7	—	—
控制点		—	90	—	90	—	—	23	—	—	—	—	2
		—	100	—	—	—	—	49	—	—	—	—	8

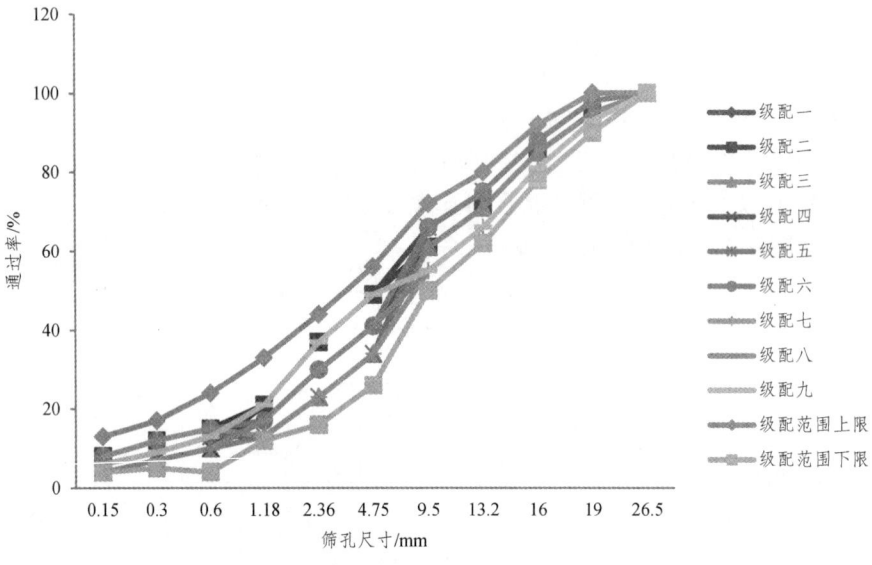

图 7-4　级配曲线（不含控制点和限制区）

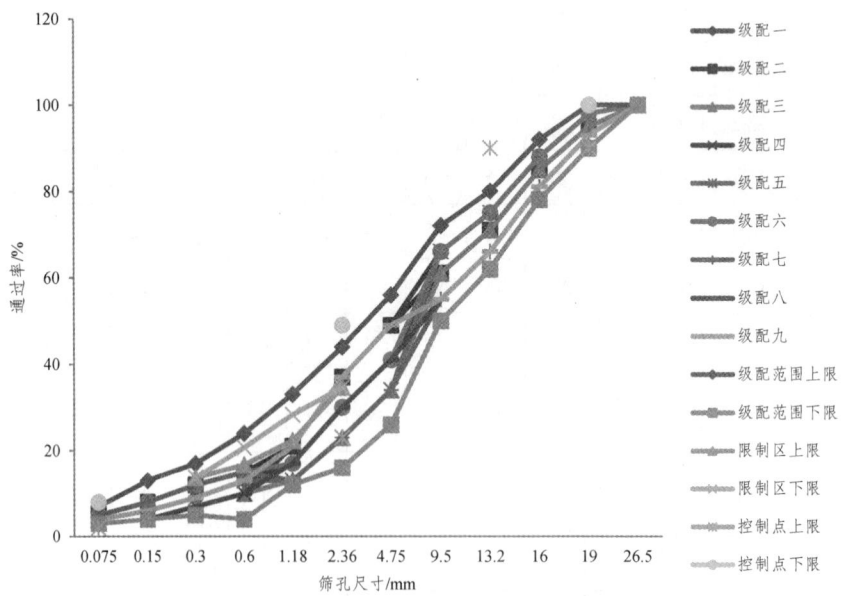

图 7-5　级配曲线（含控制点和限制区）

7.2.3　试验结果分析

离散元模型的建立及模拟过程按照第 6 章内容进行，因为篇幅原因，本章就不另外重复说明。按照表 7-3 正交试验设计的试验方案进行冲击剪切数值模拟试验，得到各试验编号对应的冲击剪切试验和极差分析结果，如表 7-4 所示。其中，表 7-4 中 3 种水平 1~3 试验结果的平均值分别以 k_1~k_3 表示，极差（同一因素 1~3 水平平均值的最大值与最小值之差）用 R 表示。

表 7-4 冲击剪切试验轴向压力峰值试验结果统计表

试验号	因素			试验指标
	集料 A	集料 B	集料 C	轴向荷载
1	1	1	1	28.8
2	1	2	2	26
3	1	3	3	34.8
4	2	2	3	18.8
5	2	3	1	29
6	2	1	2	25.4
7	3	3	2	25.4
8	3	1	3	22
9	3	2	1	25.6
K_1	89.60	55.20	83.40	
K_2	73.20	70.40	76.80	
K_3	73.00	89.20	75.60	
k_1	29.87	18.40	27.80	
k_2	24.40	23.47	25.60	
k_3	24.33	29.73	25.20	
极差 R	5.53	11.33	2.60	
主次顺序	B>A>C			
优水平	A_1	B_3	C_1	
优组合	$A_1B_3C_1$			

从表 7-4 中，可以看出试验因素（集料 B）对应的极差最大，可以得出级配中段对冲击剪切试验轴向压力峰值影响最大，说明三个试验因素中，级配中段（1.18～9.5 mm）为沥青混合料冲剪试验轴向压力峰值的主要影响因素，其次为级配粗段（9.5～26.5mm），级配细段（0.075～1.18 mm）影响最小，也说明细集料（粒径 1.18 mm 以下）对冲击剪切性能影响比较小。

以各因素的水平为横坐标，冲击剪切试验轴向压力峰值的平均值为纵坐标，绘制出各因素对试验指标的影响规律图，能够更加直观地分析集料 A、集料 B 和集料 C 各水平与试验指标的关系，各试验因素对轴向压力峰值的影响趋势如图 7-6～图 7-8 所示。从图 7-6～图 7-8 可以看出，级配在上位（0.75 位）、中位（0.5 位）、下位（0.25 位）变化时，轴向压力峰值随着集料 A 的增加先增加后减小，当集料 A 靠近规范级配范围中值是有利的；轴向压力峰值随着集料 C 的增加先增加后减小，但变化不是太大；轴向压力峰值随着集料 B 的增加先减小后增加，集料 B 处于级配范围中值是不利的，同时说明集料 B 对沥青混合料的性能影响不能忽略。

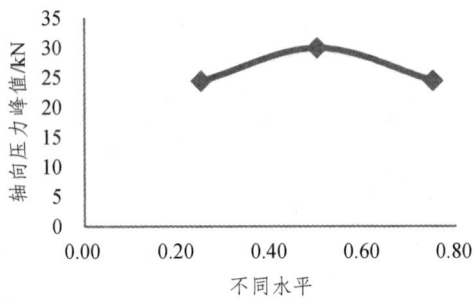

图 7-6　A 因素影响示意图

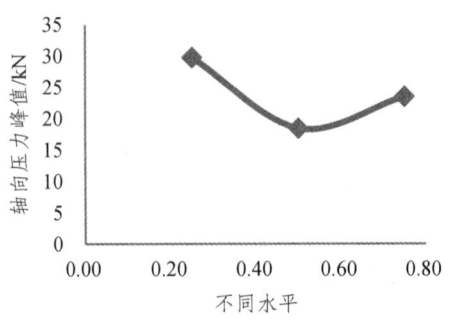

图 7-7　B 因素影响示意图

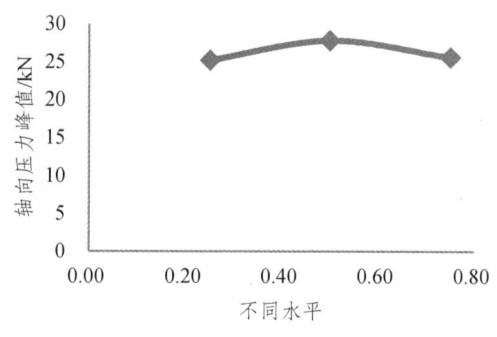

图 7-8 C 因素影响示意图

7.3 沥青砂浆路用性能研究

由于采用离散元分析 1.18 mm 以下集料对沥青混合料性能影响时有一定的困难，因此通过室内试验研究 1.18 mm 以下集料对沥青混合料性能的影响规律。前文已经分析，1.18 mm 以下集料对集料骨架的影响很小，主要是填充集料骨架之间的空隙，使混合料具有更大密实度。因此，1.18 mm 以下集料直接影响沥青混合料的水稳定性、高温性能、低温性能和疲劳性能。试验时，为了减小试验量，1.18 mm 及以上集料采用上文正交试验确定的最佳组合，1.18 mm 以下集料根据 AC-20 级配范围上、下限的六分点进行研究，从下限开始第一个六分点位为 C_1，第二个六分点位为 C_2，中值线为 C_3，以此类推，级配曲线如表 7-5 和图 7-9 所示。

表 7-5 AC-20 级配曲线

级配编号	筛孔尺寸通过率/%										
	26.5	19	16	13.2	9.5	4.75	2.36	1.18	0.6	0.3	0.15	0.075
1	100	95	85	71	61	34	23	17	20.7	15.0	11.5	6.3
2	100	95	85	71	61	34	23	17	17.3	13.0	10.0	5.7
3	100	95	85	71	61	34	23	17	14.0	11.0	8.5	5.0
4	100	95	85	71	61	34	23	17	10.7	9.0	7.0	4.3
5	100	95	85	71	61	34	23	17	7.3	7.0	5.5	3.7
级配上限	100	100	92	80	72	56	44	33	24	17	13	7

续表

级配编号	筛孔尺寸通过率/%										
	26.5	19	16	13.2	9.5	4.75	2.36	1.18	0.6	0.3	0.15	0.075
级配下限	100	90	78	62	50	26	16	12	4	5	4	3
限制区下限							34.6	22.3	16.7	13.7		
限制区上限							34.6	28.3	20.7	13.7		
控制点下限		90					23					2
控制点上限		100		90			49					8

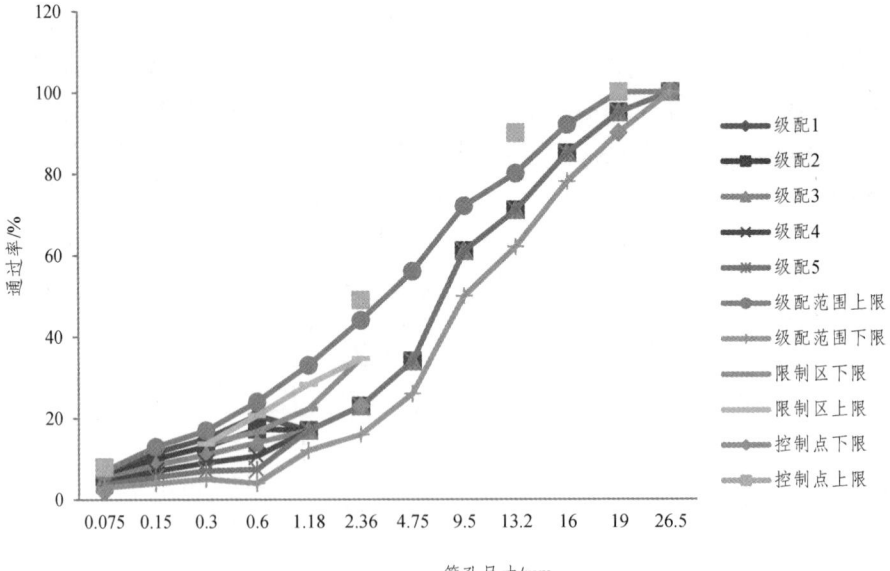

图 7-9　AC-20 级配曲线示意图

为了研究 1.18 mm 以下集料对沥青混合料性能的影响，室内成型试件确定每条级配曲线的最佳沥青含量，进行沥青混合料浸水马歇尔试验、冻融劈裂试验、动稳定度试验、小梁弯曲试验，研究不同级配对沥青混合料水稳定性、高温性能和低温性能的影响，试验结果如图 7-10 ~ 图 7-13 所示。

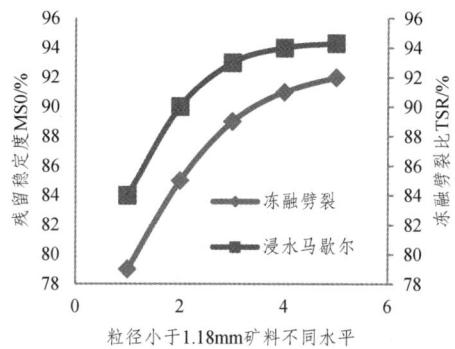

图 7-10　不同水平与水稳定性关系图

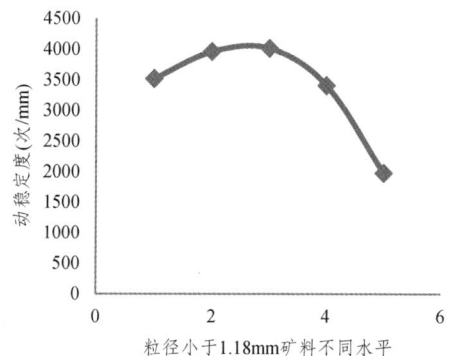

图 7-11　不同水平与高温性能关系图

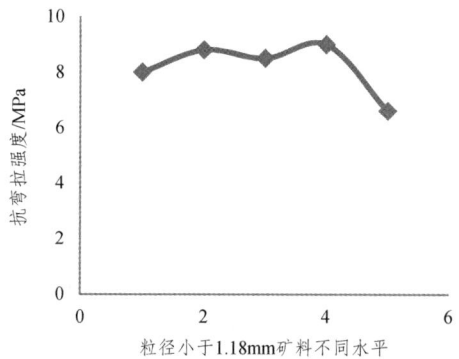

图 7-12　不同水平与抗弯拉强度关系图

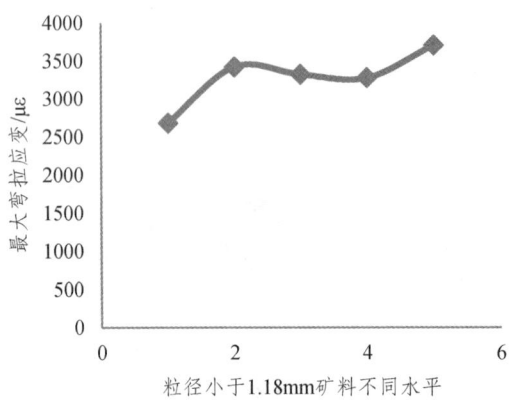

图 7-13　不同水平与最大弯拉应变关系图

由图 7-10~图 7-13 可以看出，1.18 mm 以下级配对于沥青混合料的水稳定性、高温性能和低温性能影响都比较大。1.18 mm 以下集料随着从下限向上限移动，水稳定性逐渐提高，当集料处于第一个六分位时，水稳定性比较差，当超过了规范级配范围中值，随着级配向上限靠近，级配对浸水马歇尔残留稳定度影响明显降低，但对冻融劈裂比影响比较大，这也充分说明了采用冻融劈裂比验证沥青混合料的水稳定性更合理。级配曲线（1.18 mm 以下）从下限向上限移动，动稳定度先增大后减小，但是上升幅度较小，当级配超过了规范级配范围的中值向上限移动，下降速度比较快。级配曲线（1.18 mm 以下）对抗弯拉强度影响规律性不是太强，但是级配超过了第四个六分点位抗拉强度明显下降，而抗拉应变整个过程可分为三部分，开始抗拉应变逐渐增大，然后进入一个平稳过渡期，当级配曲线超过了第四个六分点位又开始增大。

7.4　级配优化及试验验证

根据以上分析，以冲击剪切性能为控制重点，参考规范级配范围，综合考虑高温、低温和水稳定性等因素，确定沥青混合料优化后的级配范围，如表 7-6 所示。优化后的级配范围与规范级配范围相比，将 9.5~26.5 mm 筛孔级配范围下限通过率适当提高，这样增加了级配的均匀性，不容易离析，将 1.18~4.75 mm 筛孔级配范围上限通过率适当降低，使级配骨架更加合理，0.075~0.6 mm 筛孔的通过率偏向规范级配范围中值，这样兼顾了沥青混合料的低温和水稳定性等性能，减少了早期病害。

表 7-6　AC-20 沥青混合料优化级配

级配	通过率/%										
	26.5	19	16	13.2	9.5	4.75	2.36	1.18	0.6	0.3	0.15	0.075
推荐级配	100	95~100	85~92	71~80	61~72	26~41	16~30	12~23	10.7~14	9~11	7~8.5	4.3~5
规范级配	100	90~100	78~92	62~80	50~72	26~56	16~44	12~33	8~24	5~17	4~13	3~7

为了验证优化后级配的性能，室内取优化后级配范围中值、工地级配和规范级配范围中值进行沥青混合料性能研究，不同级配如表 7-7 所示。其中级配一为优化级配，级配二为工地级配，级配三为规范级配范围中值。

表 7-7　矿料级配

级配	通过率/%										
	26.5	19	16	13.2	9.5	4.75	2.36	1.18	0.6	0.3	0.15	0.075
级配一	100	95	85	71	61	34	23	17	13	9	6	4
级配二	100	92.3	86.1	73.6	65	41.6	30	18	13	7.6	6.2	5
级配三	100	95	85	71	61	41	30	22.5	14	11	8.5	5

不同级配沥青混合料路用性能如表 7-8 所示。其中 DS 为动稳定度，F 为冲击剪切轴向压力峰值，R_B 为抗弯拉强度，ε_B 为最大弯拉应变，MS_0 为浸水残留稳定度，TSR 为冻融劈裂强度比。

表 7-8　不同级配路用性能对比

级配类型	高温性能		低温性能		水稳定性	
	DS/(次·mm^{-1})	F/kN	R_B/MPa	ε_B/μɛ	MS_0/%	TSR/%
级配一	4 015	35	9.1	3 270	94	91
级配二	3 650	29	8.6	3 130	93	91
级配三	2 917	27	8.1	3 080	93	90

由表 7-8 可以看出，优化后的级配性能较工地级配和规范级配范围中值有了明显的提高，特别是高温性能提高非常明显。动稳定度较规范级配范围中值提高了 37%，较工地级配提高了 10%。对于冲击剪切轴向压力峰值，优化级配较工地级配和规范级配范围中值分别提高了 29.6% 和 20%。低温性能和水稳定性都远远满足了规范要求。

7.5 本章小结

借助离散元软件进行数值分析和室内试验，研究了不同级配对沥青混合料冲击剪切、高温性能、低温性能和水稳定性等性能的影响，最终形成了基于数值模拟结构优化的新型级配，并借助室内试验进行了验证，主要研究结论有：

（1）依据离散元建立的模型可以得出，对于 AC-20 沥青混合料，当粒径大于 4.75 mm，颗粒之间相互排列在一起形成级配骨架，没有细集料填充粗集料间的空隙；当粒径大于 1.18 mm 时，颗粒之间相互排列形成骨架并有少量填充；当粒径小于 1.18mm 时对级配骨架形成没有影响，只是起到填充骨架之间空隙的作用。

（2）对于 AC-20 沥青混合料来说，1.18～9.5 mm 筛孔范围的集料对沥青混合料冲击剪切性能影响最大，其次为 9.5～26.5 mm 范围级配，0.075～1.18 mm 范围集料对冲击剪切性能影响最小。

（3）1.18 mm 以下集料从级配范围的下限向上限移动，水稳定性逐渐提高；动稳定度先增大后减小，当级配曲线超过了规范级配范围的中值后，动稳定度下降速度比较快。

（4）通过室内试验验证，并与工地级配和规范级配中值对比，表明优化后的级配具有更好的性能。

参考文献

[1] 朱思哲，刘虔，包承纲，等. 三轴试验原理与应用技术[M]. 北京：中国电力出版社，2003.3.

[2] Norman W. Mcleod. A Rational Approach to The Design of Bituminous Paving Mixture[M], A. S. T. M, 1951.

[3] American Associabion of State Highway and Transportation Officials. Standard Test Method for Determining the Permanent Shear Strain and Fatigue Cracking Characteristics of Hot Mix Asphalt Using the Simple Shear Test Device[S]. AASHTO Deisngation: TP7-94.

[4] Jorge B. Sousa, Mansour Solaimanian and Shmuel L. Weissman. Development and Use of the Repeated Shear Test (Constant Height)[R]. An Optional Superpave Mix Design Tool, SHRP- A-698.

[5] 何桥敏. 沥青混合料剪切疲劳性能试验研究[D]. 长沙理工大学，2009.

[6] GA Sholar, GC Page, JA Musselman.Preliminary Investigation of A Test Method to Evaluate Bond Strength of Bituminous Tack Coats[R]. 2002.

[7] Abu N. M. Faruk, Sang I. Lee, Jun Zhang. Measurement of HMA Shear Resistance Potential in The Lab: The Simple Punching Shear Test[J]. Construction and Building Materials, 2015, 99: 62-72.

[8] Mohammadreza Khajeh Hosseini. Development of the Duplicate Shear Test for Asphalt Mixtures[D]. The University of Texas, 2015.

[9] Josef Zak, Carl L. Monismith, Erdem Coleri John T. Harvey. Uniaxial Shear Tester- New Test Method to Determine Shear Properties of

Asphalt Mixtures[J]. Road Materials and Pavement Design, 2016, 18(s1):87-103.

[10] 高立鑫. BRT 停车段沥青路面抗剪切推移特性研究[D]. 西安：长安大学，2009.

[11] 杨大田，夏文军. 动态剪切蠕变试验评价沥青路面层间稳定性[J]. 筑路机械与施工机械化，2011，2：46-52.

[12] 陈光伟. 沥青混合料抗剪性能试验及评价方法研究[D]. 南京：东南大学，2013.

[13] 李金凤. 沥青混合料永久变形的动三轴试验研究[D]. 重庆：重庆交通大学，2012.

[14] 祁峰. 采用蠕变试验评价沥青混合料的高温稳定性研究[D]. 西安：长安大学，2009.

[15] 毕玉峰. 沥青混合料抗剪试验方法及抗剪切参数研究[D]. 上海：同济大学，2004.

[16] 冯俊领. 交叉口沥青路面剪切损害机理及剪切试验方法研究[D]. 上海：同济大学，2007.

[17] 张裕卿. 沥青混合料高温变形规律及试验方法研究[D]. 南京：东南大学，2007.

[18] 张建同. 沥青混合料剪胀力学行为分析及数值模拟研究[D]. 南京：东南大学，2015.

[19] 黄拓. 沥青混合料剪切性能试验方法研究[D]. 湖南：长沙理工大学，2009.

[20] 栗培龙，马莉霞，李爽，等. 沥青混合料矿料滑移剪切变形特性[J]. 广西大学学报（自然科学版），2016（1）：261-269.

[21] 李玉鑫. 沥青混合料矿料滑移剪切行为研究[D]. 西安：长安大学，2013.

[22] JF Hills, D Brian, PP Loo. The Correlation of Rutting And Creep Tests On Asphalt Mixes[R]. TRID, 1974.

[23] Sousa J. B. Weiswnan S. L.. A. Permanent Pavement Deformation Response of Asphalt Aggregate Mixes[R]. Washington D C-SHRP, National Research Council. 1994: 441-465.

[24] Dae Wook Park, Amy Epps Martin, Hyung Seok Lee. Characterization

of Permanent Deformation of an Asphalt Mixture Using a Mechanistic Approach[J]. KSCE Journal of Civil Engineering, 2005, 9(3): 213-218.

[25] L Uzarowski, SL Tighe, L Rothenburg. The Development of Asphalt Mix Creep Parameters and Finite Element Modeling of Asphalt Rutting[C]. Proceedings of the Fifty-Second Annual Conference of the Canadian Technical Asphalt Association (CTAA), Niagara Falls Ontario, Canada 2007: 441-465.

[26] IL Al-Qadi, PJ Yoo, MA Elseifi, S Nelson. Creep Behavior of Hot-Mix Asphalt due to Heavy Vehicular Tire Loading [J]. Journal of Engineering Mechanics, 2009, 135(11): 1265-1273.

[27] C. Celauro, C. Fecarotti, et al. Experimental Validation of A Fractional Model for Creep/Recovery Testing of Asphalt Mixtures[J]. Construction and Building Materials, 2012, 36: 458-466.

[28] ER Brown, KY Foo. Comparison of Unconfined- and Confined-Creep Tests for Hot Mix Asphalt[J]. Journal of Materials in Civil Engineering, 2014, 6(2): 307-326.

[29] I. Hafeez, M. A. Kamal. An Experimental-Based Approach to Predict Asphalt Mixtures Permanent Deformation Behavior[J]. Arabian Journal for Science and Engineering, 2014, Volume 39(12): 8681-8690.

[30] Ghazi G. Al-Khateeb, Turki I. Al-Suleiman Obaidat, Taisir S. Khedaywi, et al. Studying Rutting Performance of Superpave Asphalt Mixtures Using Unconfined Dynamic Creep and Simple Performance Tests[J]. Road Materials and Pavement Design, 2016, 19(2): 315-333.

[31] Hasan Taherkhani1. Siamak Afroozi. Creep Behavior of Nylon Fiber-Reinforced Asphalt Concrete[J]. Iranian Polymer Journal, 2017, 26(5): 365-376.

[32] 周晓青, 李宇峙, 应荣华, 等. 基于蠕变试验分析沥青路面车辙的能量方法[J]. 公路交通科技, 2005, 22（9）: 62-65.

[33] 张裕卿, 黄晓明. 高温重载下沥青混合料变形特性三轴重复荷载蠕变试验研究[J]. 公路, 2006, 12: 151-156.

[34] 曹丽萍, 董泽蛟, 孙立军. 从温度分布频率探讨沥青路面的永久变

形[J]. 同济大学学报（自然科学版），2007，35（12）：1617-1621.

[35] 冯林. 单轴压力下沥青混合料静动态蠕变模型研究[D]. 长沙：长沙理工大学，2008.

[36] 彭卫兵，刘萌成，刘书镐. 刹车荷载反复作用下沥青路面剪切动响应三维有限元分析[J]. 公路交通科技，2009，26（9）：46-52.

[37] 纪小平. 基于足尺 ALF 车辙预估模型的甘肃地区沥青混合料高温性能标准研究[D]. 西安：长安大学，2011.

[38] 高二利. 沥青混合料的单轴贯入模量与动态蠕变模量的关系[D]. 重庆：重庆交通大学，2012.

[39] 许严，孙立军，刘黎萍. 基于单轴贯入重复剪切试验的沥青混合料永久变形[J]. 同济大学学报(自然科学版)，2013，41(8)：1203-1207.

[40] 卢佩霞，肖鹏，吕阳. 玄武岩纤维沥青混合料动态蠕变试验[J]. 江苏大学学报，2015，36（4）：480-484.

[41] 谢军，袁畅. 蠕变剪切试验前后粗集料运动轨迹的数字图像分析[J]. 土木工程学报，2016，49（9）：124-128.

[42] 姜明阳，张彬，孙琦. 热力耦合作用下浇注式沥青混凝土三轴蠕变特性研究[J]. 硅酸盐通报，2016，35（9）：2962-2979.

[43] 黎晓，程志豪，郑少鹏. 排水沥青混合料永久变形性能试验研就[J]. 2017，42（1）：185-189.

[44] 段跃华. 基于 X-ray CT 的沥青混合料粗集料基础特性研究[D]. 广州：华南理工大学，2011.

[45] 谢涛. 基于 CT 实时观测的沥青混合料裂纹扩展行为研究[D]. 成都：西南交通大学，2006.

[46] 郭芳，谭海洲，邵腊庚. 基于沥青路面早期水损害的水-荷载耦合CT 扫描试验和力学响应分析[J]. 公路交通科技，2014，31（10）：38-44.

[47] 谭忆秋，任俊达，纪伦，等. 基于 X-ray CT 的沥青混合料空隙测试精度影响因素分析[J]，哈尔滨工业大学学报，2014，46(6)：65-71.

[48] 肖鑫，张肖宁. 基于工业 CT 的排水沥青混合料连通空隙特征研究[J]，中国公路学报，2016，29（8）：22-28.

[49] Satoshi TANIGUCHI, Keiichiro OGAWA, Jun OTANI. Study on Quality Evaluation for Bituminous Mixture Using X-ray CT[J].

Frontiers of Structural and Civil Engineering, 2013, 7(2): 89-101.

[50] Edith Arambula. Edward J. Garboczi. Numerical Analysis of Moisture Vapor Diffusion in Asphalt Mixtures Using Digital Images Materials and Structures[J], 2010, 43: 897-911.

[51] Ki Hoon Moon, Augusto Cannone Falchetto. Microstructural Investigation of Hot Mix Asphalt (HMA)Mixtures using Digital Image Processing (DIP)[J]. KSCE Journal of Civil Engineering, 2015, 19(6): 1727-1737.

[52] Ki Hoon Moon, Augusto Cannone Falchetto, Michael P, Wistuba. Analyzing Aggregate Size Distribution of Asphalt Mixtures UsingSimple 2D Digital Image Processing Techniques[J]. Arabian Journal for Science and Engineering, 2015, 40(5): 1-18.

[53] Ibrahim Onifade, Denis Jelagin, Alvaro Guarin. Asphalt Internal Structure Characterization with X-Ray Computed Tomography and Digital Image Processing[J]. Multi-Scale Modeling and Characterization of Infrastructure Materials, 2013, 8: 139-158.

[54] 闵斌. 基于图像处理的沥青混合料油石比识别方法研究[J]. 长沙：长沙理工大学，2014.

[55] 王丽敏. 基于图像分析的沥青路面裂缝识别关键技术研究[J]. 西安：长安大学，2010.

[56] Yu L, Dai Q, You Z. Viscoelastic Model for Discrete Element Simulation of Simulation of Asphalt Mixtures[J]. Journal of Engineering Mechanics, 2009, 135(4): 324-333.

[57] 陈俊，张东，黄晓明. 离散元颗粒流软件（PFC）在道路工程中的应用[M]. 北京：人民交通出版社，2015.

[58] CundallPA, Straek ODL. Discrete Numerical Model for Granular Assemblies[J]. Geotechnique, 1979, 29(1): 47-65.

[59] Jensen, R. P. , Bosscher. DEM Simulation of Granular Media-Structure Interface: Effects of Surface Roughness and Particle Shape[J]. International Journal for Numerical and Analytical Methods in Geomechanics, 23(6): 531-547.

[60] Hyunwook Kim, Michael P. Wagoner, William G. Buttlar.

Micromechanical Fracture Modeling of Asphalt Concreteusing A Single-edge Notched Beam Test[J]. Materials and Structures, 2009, 42: 677-689.

[61] Junwei Wu, Andrew Collop, Glenn McDowell. Discrete Element Modelling of Monotonic Compression Tests in an Idealised Asphalt Mixture[J]. Road Materials and Pavement Design, 2009, 10: 211-232.

[62] Habtamu Melese Zelelew, Athanassios Tom Papagiannakis. Micromechanical Modeling of AsphaltConcrete Uniaxial Creep Usingthe Discrete Element Method[J]. Road Materials and Pavement Design. 2010, (11): 613-632.

[63] MansourFakhri, PezhouhanT. Kheiry, A. A. Mirghasemi. Modeling of The Permanent Deformation Characteristics of SMA Mixtures Using Discrete Element Method [J]. Road Materials and Pavement Design, 2012, 13(1): 67-84.

[64] Huanan Yu, Shihui Shen. A Micromechanical Based Three-dimensional Dem Approach to Characterizethe Complex Modulus of Asphalt Mixtures[J]. Construction and Building Materials, 2013, 38: 1089-1096.

[65] W. Cai, G. R. McDowell, G. D. Airey. Discrete Element Modelling of Uniaxial Constant Strain Rate Tests on Asphalt Mixtures[J]. Granular Matter, 2013, 15: 163-174.

[66] Khattak, M. J., Khattab, A., Rizvi. et al. Imaged-based Discrete Element Modeling of Hot Mix Asphalt Mixtures[J]. Materials and Structures, 2015, 48: 2417-2430.

[67] Tao Ma, Deyu Zhang, Yao Zhang. Simulation of Wheel Tracking Test for Asphalt Mixture Using Discrete Element Modeling[J]. Road Materials and Pavement Design, 2016: 1-18.

[68] Changhong Zhou, Miaomiao Zhang, Yuhua Li, et al. Influence of Particle Shape on Aggregate Mixture's Performance: DEM Results[J]. Road Materials and Pavement Design, 2017: 1-15.

[69] 黄晚清. SMA 粗集料骨架结构的细观力学模型研究[D]. 成都：西南交通大学，2007.

[70] 田莉. 基于离散元方法的沥青混合料劲度模量虚拟试验研究[D]. 西安：长安大学，2008.

[71] 陈俊，黄晓明. 采用离散元法分析路面结构的疲劳特征[J]. 2009，141（9）：100-104.

[72] 车法，陈拴发，李增宏，等. 荷载作用下沥青路面表面开裂的扩展[J]. 公路交通科技，2010，27（5）：26-29.

[73] 蒋玮，沙爱民，肖晶晶. 基于离散单元方法的多孔沥青混合料级配比选[J]. 吉林大学学报（工学版），2011，41（1）：68-72.

[74] 武利强，朱晟，苏佩珍，等. 成型方法对沥青混凝土力学性质影响的细观研究[J]. 水电能源科学，2012，30（2）：106-110.

[75] 蒋玮，沙爱民，肖晶晶，等. 基于抗车辙稳定性的多孔沥青混合料级配优化[J]. 华南理工大学学报（自然科学版），2012，40（11）：127-132.

[76] 谭超. 基于离散单元法的沥青混合料骨架结构相关研究[D]. 大连：大连理工大学，2013.

[77] 马晓晖，李立寒. 利用离散元模型分析沥青混合料的空隙特性[J]. 同济大学学报（自然科学版），2013，41（12）：1831-1836.

[78] 陈俊，陈景雅，刘云，等. 不同形式荷载下沥青混凝土路面结构力学响应的对比分析[J]. 公路，2013，8：138-143.

[79] 陈渊召，李振霞. 基于离散元法的橡胶颗粒沥青混合料细观结构分析[J]. 哈尔滨工业大学学报，2013，45（4）：117-121.

[80] 王振，彭勇，张厚泉，等. 基于离散元法 OGFC 集料级配优化[J]. 华东公路，2014，4：117-120.

[81] 杨军，焦丽亚，王克利，等. 基于离散元方法的沥青混合料虚拟三轴剪切试验三维模拟[J]. 东南大学学报（自然科学版），2014，44（5）：1057-1061.

[82] 曲立杰，张德才. 沥青路面级配碎石层应力消散的细观研究[J]. 公路交通科技，2014，31（9）：14-16.

[83] 师晓鸽，石伟. 从微观结构分析沥青混合料受力及破坏机理[J]. 石油沥青，2014，28（3）：49-54.

[84] 周韡，黄晓明. 多孔沥青路面空隙衰变离散元模拟[J]. 中国公路学报，2014，27（7）：10-16.

[85] 范亮平. 集料均匀性对沥青混合料力学性能影响的离散元模拟[D]. 杭州：浙江大学，2014.

[86] 唐俊讳. 基于离散元的沥青混合料高温性能研究[D]. 南京：东南大学，2015.

[87] 周长红，袁强，李玉华. 压头尺寸对 HMA 单轴贯入试验性能影响的数值分析[J]. 2016，33（2）：14-18.

[88] 马涛，张斯琦，陈泳陶. 基于离散元法的多孔沥青混合料空隙衰变研究[J]. 建筑材料学报，2017，20（5）：727-732.

[89] 中交第一公路勘察设计研究院有限公司. 公路路线设计规范[S]. 人民交通出版社，2017.

[90] 李皓玉，杨绍普，齐月芹. 车、路的相互作用下沥青路面动力学特性分析[J]. 振动与冲击，2009，4（28）：86-102.

[91] 李皓玉，杨绍普，齐月芹. 移动随机荷载下沥青路面的动力学特性和参数影响分析[J]. 工程力学，2011，11（28）：159-164.

[92] 刘波，王有志，安俊江. 车辆-路面空间耦合振动模型及其动力响应分析[J]. 山东大学学报（工学版），2014，3（44）：83-89.

[93] 冯如只. 基于虚拟仪器的汽车制动性能测试方法研究[D]. 兰州：兰州理工大学，2010.

[94] 王轶峰. 汽车运动分析与行为模拟[D]. 杭州：浙江大学，2007.

[95] HUANG Y H. Pavement Analysis and Design[M]. 2nded. Upper Saddle River: Prentice Hall, 2004.

[96] 肖川，艾长发，邱延峻. 动载作用下典型沥青路面剪应力特性分析[J]. 公路交通科技 2016，33（7）：19-26.

[97] 中华人民共和国交通运输部. 公路工程沥青及沥青混合料试验规程[S]. 2011.

[98] 石崇，徐卫亚. 颗粒流数值模拟技巧与实践[M]. 北京：中国建筑工业出版社，2015.

[99] 张垚. 基于 PFC3D 的沥青混合料虚拟试验研究[D]. 东南大学，2015.

[100] 张德育. 基于离散元方法的沥青混合料虚拟永久变形试验研究[D]. 东南大学，2013.

[101] 秦本东，何军，谌伦建. 石灰岩和砂岩高温力学特性的试验研究[J].

地质力学学报，2009，15（3）：253-261.

[102] 杨仕教，曾晟，王和龙. 加载速率对石灰岩力学效应的试验研究[J]. 岩土工程学报，2005，27（7）：786-788.

[103] 曹诗谈，徐金明. 使用颗粒流方法研究单轴压缩条件下石灰岩中的荷载传递机理[J]. 2002，39（6）：57-61.

[104] 徐金明，谢芝蕾，贾海涛. 石灰岩细观力学特性的颗粒流模拟[J]. 岩土力学，2010，31（2），390-395.

[105] 吕大民，孙大权. 沥青混合料设计手册[M]. 北京：人民交通出版社，2007.

[106] 王雷. 基于颗粒流的高含石量巨粒土填料剪切特性研究[D]. 重庆：重庆大学，2015.

[107] 周伟，常晓林，周创兵. 堆石体应力变形细观模拟的随机散粒体不连续变形模型及其应用[J]. 岩石力学与工程学报，2009，28（3）：491-499.

[108] 李杨，佘成学，焦小亮. 堆石料碾压试验的颗粒流模拟新方法[J]. 岩土力学，2017，38（10）：3029-3038.

[109] 王文强. 离散单元法及其在材料和结构力学响应分析中的应用[D]. 合肥：中国科学技术大学，2000.

[110] 李世海，汪远年. 三维离散元计算参数选取方法研究[J]. 岩石力学与工程学报. 2004，23（21）：3642-3651.

[111] 任皎龙. 基于 DEM 的沥青混合料低温断裂特性的宏细观分析[D]. 南京：东南大学，2017.

[112] 张久鹏，黄晓明，李辉. 重复荷载作用下沥青混合料的永久变形[J]. 东南大学学报（自然科学版），2008，38（3）：511-515.

[113] Ng T T. Fabric Evolution of Ellipsoidal Arrays with Different Particle Shapes[J]. Joumal of Engineering Mechanics, 2001, 127(10): 994-999.

[114] Sataka M. Constitution of Mechanism of Granular Materials through Ghaph Representation[J]. Theoretieal and Applied Mechanics, 1978, 26, 265-298.

[115] Chantawarangul K. Numerical Simulations of Three Dimensional Granular Assemblies[D]. Waterloo Canada: University of Waterloo. 1994.

[116] 吕振北. 季冻区缓粘型沥青混合料应用技术研究[D]. 西安：长安大学，2013.

[117] H Liu, G Qian, J Zheng, et al. Investigation into Gradation Optimization of Hot Mix Asphalt[C]. Geohunan International Conference. Reston: ASCE, 2011: 250-258.

[118] 申康，陈爱文，吕文江，等. 贝雷法设计密度对沥青混合料性能的影响[J]. 长安大学学报（自然科学版），2008，28（3）：16-20.

[119] 葛折圣，夏晖. 基于改进粗集料空隙填充法的密断级配沥青混合料设计[J]. 公路交通科技，2011，28（2）：20-24.

[120] 陈忠达，袁万杰，高春海. 多级嵌挤密实级配设计方法研究[J]. 中国公路学报，2006，19（1）：32-37.

[121] 石立万，王端宜，徐驰，等. 基于离散元法的沥青混合料骨架细观性能研究[J]. 华南理工大学学报（自然科学版），2015，43（10）：50-56.

[122] 高振鑫，李强，蒋应军，等. 基于单轴贯入试验的 AC-20 级配优化[J]. 中国公路学报，2017，30（4）：24-31.

[123] 蒋应军，任皎龙，李顿，等. 矿料强嵌挤骨架密实级配的 PFC2D 数值试验研究[J]. 华南理工大学学报（自然科学版），2012，40（2）：92-98.

[124] LIUH, QIAN G, ZHENG J, et al. Investion into Gradation Optimization of Hot Mix Asphalt[C]. MOYO P. Geohunan International Conference. Reston: ASCE, 2011: 250-258.

[125] 黄维蓉，宋涛，何兆益，等. 沥青混合料工程设计级配范围研究[J]. 重庆交通大学学报（自然科学版），2010，29（5）：727-731.

[126] 查旭东，谢忠杰，陈定. SBS 改性沥青混合料 AC-13C 配合比优化[J]. 交通科学与工程，2009，25（2）：23-28.

[127] 董伟智. 季冻区高速公路沥青混合料矿料级配优化研究[D]. 吉林大学，2013.